你想要创业，

首先，你必须是一个敢于冒险的赌徒！

冲破创业阻力

CHONGPO CHUANGYEZULI

陈远吉◎编著

石油工业出版社

图书在版编目(CIP)数据

冲破创业阻力/陈远吉编著.
北京：石油工业出版社，2011.3
ISBN 978-7-5021-8181-9

Ⅰ.冲…
Ⅱ.陈…
Ⅲ.企业管理
Ⅳ.F270

中国版本图书馆CIP数据核字（2010）第250080号

冲破创业阻力

陈远吉　编著

出版发行：石油工业出版社
（北京安定门外安华里2区1号楼　100011）
网　址：www.petropub.com.cn
编辑部：（010）64523643　营销部：（010）64523603
经　销：全国新华书店
印　刷：北京晨旭印刷厂

2011年5月第1版　2011年5月第1次印刷
710×1000 毫米　开本：1/16　印张：13.5
字　数：185 千字

定　价：28.00 元
（如出现印装质量问题，我社发行部负责调换）

前　言

创业是一个艰辛的历程，初创阶段的企业所面对的困难往往令创业者的个人和家庭生活都受到影响，万一创业失败还要承担失败所带来的一系列后遗症。创业这场硬仗打赢了固然可以带来财富，但创业者在实施的过程中需经历许多随之而来的状态，包括心理的压力、焦虑、无助、喜悦、成功的满足感、付出代价时的痛苦等，酸、甜、苦、辣是每个创业者所必经的历程。

因为存在很大的风险，创业并不是所有人都适合选择的道路。很多人徘徊在打工和创业之间。看清楚打工和创业之间的利弊，有助于我们做更准确的定位和决定。打工是别人要你做，创业是你自己要做的，创业有风险但发展空间大，可是创业的压力远大于打工的压力，创业的付出也远大于打工的付出。当老板要为公司的经营状况操心忧虑，要为承担公司成败的责任而提心吊胆；而且随时可能面临破产有风险，没有劳动法规的保障；领导、管理工作内容相当复杂，素质能力要求很高；没有固定的业余时间和法定节假日；如果资不抵债，失败后也许只能跳楼不能跳槽。

许多人面对创业的风险知难而退，避重就轻，往往使自己失去了创造更多财富、做自己想做的事的机会。

许多人非常看重工作的稳定性，希望能够踏踏实实、安安稳稳。其实，关键的理解差别在于，一个是为了确保生存的稳定性，一个是担心个人价值被埋没。每个时代的社会环境都会促使人们对自己的生存安全和个人发展作出不同的思考。当今的社会环境具备实现个人价值的土壤，路怎么走，就要看你自己的了。

创业有很多阻力，资金并非唯一需要冲破的阻力，对于有些行业而言甚至不是最重要的资源，市场上充斥着缺乏出路的资金，所缺的是懂得有效运用他们的公司和企业领导人。资金只是资源的组成部分，其他还包括以下的一系列资源：客户基础；供应商支持；有能力的员工和团队支撑；品牌和声誉；技术和服务支持体系等。

创业者应该在创业前就学会如何在有限的资源下作战，提早进行充足的准备和积累，使自己适应将来需要面对的相似环境。资源的积累需要一个过程，企业家的成熟需要付出代价。每个人的成长都要交学费，初创的企业由于资源有限注定了难以承受大的失误，没有多少资源可供浪费。所以，如果不在创业前交足够的学费，很可能会在创业初期栽跟头。

本书就目前的创业形式，分析了创业者创业所应具有的外部和内部条件，希望可以助正在筹划创业的朋友一臂之力！

目 录

第一章　创业是一场华丽的冒险……………………… 1

创业是风险很大的投资……………………………………3
创业源于激情……………………………………………8
创业环境的不确定性……………………………………12
创业机会的复杂性………………………………………16
深刻反思“我为什么要创业”…………………………20
没有任何人注定是平凡的………………………………22
踏上挑战的征途…………………………………………25
寻找每一个让你成功的创业机会………………………30

第二章　拥有创业精神是冲破创业阻力的第一步……35

创业精神即是冒险精神…………………………………37
恒心是创业的根本………………………………………41
创业精神的核心是必胜的信念、责任和奉献…………46

保持成功的心态……50
敢于迎接和承担创业的各种艰辛和压力……55
每时每刻都要全力以赴……59
有所为有所不为……62
勇于放弃……65
不断地总结，在自我肯定与否定中前进……68

第三章　目标指明创业的方向……73

有了目标才有行动的方向……75
找到引导你创业的“大石头”……79
动力来源于你的创业目标……82
创业梦想是成功的起点……86
在认定的目标上专心以进……92
为目标专为工作狂……96

第四章　冲破创业人脉的阻力……101

有钱不如“有人”……103
找优秀的人为你工作，才能冲破阻力……108
一流的人才是无价的……113
四种方法让你留住好员工……118
与人竞争不如与人合作……126
世界上没有完美的人，只有完美的团队……131
适当授权……135
授权之后要监督……140

第五章 冲破创业资金的阻力…………………… 147

开源节流，诚实守信 ………………………………………………… 149
信誉是无形的资产 …………………………………………………… 153
借力打力 ……………………………………………………………… 157
寻找创业者的“维生素 C”——风险投资 ………………………… 161
天使投资：创业者的“婴儿奶粉” ………………………………… 166
创新基金：创业者的“营养餐” …………………………………… 171
中小企业担保贷款：创业者的“安神汤” ………………………… 176

第六章 坚持才是冲破创业困难的“救命稻草”… 181

是“创造事业”还是“创造就业” ………………………………… 183
创业永远都不会晚 …………………………………………………… 187
创新才能长久 ………………………………………………………… 191
没有失败，只有暂时停止成功 ……………………………………… 194
成功＝每天进步一点点 ……………………………………………… 197
保持自信 ……………………………………………………………… 200
坚持才是冲破创业困难的法宝 ……………………………………… 203

第一章　创业是一场华丽的冒险

这是最好的年代，也是最坏的年代；这是智慧的年代，也是愚蠢的年代；这是信任的年代，也是怀疑的年代；这是光明的季节，也是黑暗的季节；这是希望的春天，也是失望的冬天；我们的前途无量，同时又感到希望渺茫；我们一齐奔向天堂，我们全都走向另一个方向……

——狄更斯《双城记》

创业是风险很大的投资

马云常对青年创业者这样忠告：今天很残酷，明天更残酷，后天很美好，但是绝大部分人是死在明天晚上，只有那些真正的英雄才能见到后天的太阳。

创业是一场华丽的冒险，它能谱写人生豪迈篇章，也能使人一败涂地，具备创业的素质，掌握好的时机，掌握好的办法，前方便只顾风雨兼程。

创业不代表成功，成功的标志也不是创业，所谓的“适合创业”的人也并不意味着他如果去创业就必定能成功。创业意味着风险，它是一场关于人的胆识、智慧、情商加上执行力的考验，一个优秀的创业者心中要装着整个项目，熟悉里面每一个构成元素，并且能够使之达到一个最具战斗力的状态。创业就像画画一样，每个人都会画，可有的人能画好，成为大师级的画家，有的人却不行。

当人人都禁锢在一个僵化的体系里不愿出来时，你先出来，你就成功了一半。很多有抱负的年轻人都希望通过创业来获得人生事业的成功。但是创业是一门技巧性很强的艺术，别人的成功是不容易复制的。创业成功者毕竟是少数，每年新创办企业中，至少有 50% 在半年之内倒闭。想创业，必须要有冒险精神。

根据胡润百富榜，中国富人“十大财富品质”中，“冒险”位居前列。富人并不比普通人聪明，学识也不一定“学富五车”。这些富人之所以能成功，那是因为他们具有的冒险精神，这确实是“平庸者”无法效仿的。

有的人总担心失败，他们总会找出很多的理由，使自己不去冒险，最终一事无成。有的人总害怕困难，将一些很有意义的事，推给了别人，当看到别人成功后，他们又开始后悔不已。

当然，我们也不能盲目冒险，要讲究科学规律，会预测事情发展的未来，并能降低风险率，这样会减少损失，就是失败了，也不会有太大的落差和失望。

创业是风险很大的投资，人力、物力、财力，可能不经意间就打了水漂。创业环境的不确定性和创业者的实力、能力对创业来说，都是一个很大的考验。所以，冒险总比坐以待毙好，想成功，就得有冒险精神！

原是农家子弟，26岁时便成为高级工程师、副教授；在短短7年时间里，将镍镉电池产销量做到了全球第一、镍氢电池排名第二、锂电池排名第三，37岁便成为饮誉全球的“电池大王”，坐拥3.38亿美元的财富；2003年，他斥巨资高歌猛进汽车行业，誓要成为汽车大王……他就是比亚迪股份有限公司董事局主席兼总裁王传福。是什么成就了他青年创业的神话，成为商界奇才的呢？很多人认为答案是智慧、精练和汗水，而他自己则认为，“最关键的是要有冒险精神”。

1987年7月，21岁的王传福从中南工业大学冶金物理化学系毕业进入北京有色金属研究院。在研究生期间，他更加刻苦，把全部的精力投入到电池研究中去。仅仅过了5年的时间，26岁的王传福被破格委以研究院301室副主任的重任。1993年，研究院在深圳成立比格电池有限公司，由于和王传福的研究领域密切相关，王传福顺理成章成为公司总经理。

在有了一定的企业经营和电池生产的实际经验后，他作出了一个大胆的决定——脱离比格电池有限公司单干。脱离具有强大背景的比格电池有

限公司，辞去已有的总经理职务，这在一般人看来太冒险。但王传福相信一点：最灿烂的风景总在悬崖峭壁，富贵总在险境中凸显。1995 年 2 月，深圳乍暖还寒，王传福向做投资管理的表哥吕向阳借了 250 万元钱，注册成立了比亚迪科技有限公司，领着 20 多个人在深圳莲塘的旧车间里扬帆起航了。

正在寻求快速发展之道的王传富在一份国际电池行业动态中发现，日本宣布本土将不再生产镍镉电池，而这势必会引发镍镉电池生产基地的国际大转移，王传福立即意识到这将为中国电池企业创造前所未有的黄金时机，于是决定马上涉足镍镉电池生产。

那时，日本的一条镍镉电池生产线需要几千万元投资，再加上日本禁止出口，王传福买不起也根本买不到这样的生产线。但世上无难事，只怕有心人。王传福是一个知道如何控制成本的“抠门”老板。根据企业的特点，他利用中国人力资源成本低的优势，决定自己动手建造一些关键设备，然后把生产线分解成一个个可以人工完成的工序，结果只花了 100 多万元人民币，就建成了一条日产 4000 个镍镉电池的生产线。利用成本上的优势，通过一些代理商，比亚迪公司逐步打开了低端市场。经过努力，比亚迪的总体成本比日本对手低了 40%。

1996 年，比亚迪公司取代三洋成为台湾无绳电话制造商大霸的电池供应商。大霸是电信巨头朗讯的 OEM，比亚迪公司因此成为朗讯的间接供应商。1997 年，比亚迪公司镍镉电池销售量达到 1.5 亿块，排名上升到世界第四位。

在镍镉电池领域站稳脚跟后，不甘寂寞的王传福又开始了镍氢电池的研发，并从 1997 年开始大批量生产镍氢电池。但此时恰逢东南亚金融风暴，半数以上产品出口的比亚迪公司遇到了困难。此时，王传福的表哥吕向阳通过其所有的广州融捷投资管理集团向王传福投资 1660 万元，使比亚迪公司注册资金从 450 万元扩大到 3000 万元。这一年，比亚迪公司镍氢电池销售量达到 1900 万块，一举进入世界前 7 名。

此后，王传福把目光放到了欧美和日本市场。1998—2000 年，比亚迪欧洲分公司、美国分公司先后成立。2000 年，王传福投入大量资金开始了锂电池的研发，很快拥有了自己的核心技术，并成为摩托罗拉的第一个中国锂电池供应商。2001 年，比亚迪公司锂电池市场份额上升到世界第四位，而镍镉和镍氢电池上升到了第二和第三位。

如果说单干创业对于王传福来讲是第一次冒险，那么决定制造汽车无疑是他冒险的疯狂之举。2003 年 1 月 23 日，比亚迪宣布，以 2.7 亿元的价格收购西安秦川汽车有限责任公司 77% 的股份。比亚迪成为继吉利之后国内第二家民营轿车生产企业。

2004 年 1 月，深圳市有 200 辆比亚迪制造的锂离子纯电动汽车投入出租运营，成为全国第一家电动车示范区，真正实现尾气零排放。

2006 年，比亚迪电动车正式开始商业运营。

在美国《商业周刊》公布了 2010 年度全球“科技 100 强”企业名单中，比亚迪荣登榜首！

王传福的冒险精神，使他克服重重困难，给比亚迪的发展带来了举世瞩目的成就。敢于冒险、敢想敢干及当断则断的作风，为王传福的成功带来了致富的传奇色彩。王传福拥有的最大资本，就是战略眼光和冒险精神。因为发展企业与人生成长都像攀登一座山一样，而找山寻路却是一种学习的过程，我们应当在这个过程中，学习笃定、冷静，学习如何从慌乱中找到生机。

事实上创业家比任何人都必须具备风险意识，他们愿意冒险，但冒的是经过严谨计算并可以有效控制的风险，毕竟一旦失败会令他们付出沉重的代价，所以他们需要收集和筛选足够的数据和事实，通过严谨计算风险来支持他们理性的决定。当然，勇气对于白手起家的人很重要，不创业就不可能真正知道创业的甘苦，也无法证实自己真正的能力。

成立一个公司并不难，生产一个产品也不难，难的是如何将尽可能小

的投入演变为尽可能大的产出。这就需要眼光，需要冒险。很多人创业失败不在于缺乏资金，而在于缺乏眼光和冒险精神。

创业是一次历险记。贪图安逸，只能平平淡淡。敢于冒险，便可以乘风破浪。就像迷失在海里的船一样，有毅力、有目标、有希望，终会看见大陆！

创业源于激情

激情不是冲动，激情不是张扬；激情与年龄无关，激情与环境无关；激情只与积极向上、健康乐观的心态紧紧相连。

创业源于激情，这首先是因为创业过程中存在大量的不确定性。一个只靠理性和缜密计划行动的人，永远不能成为一个成功的创业者。同时，创业的艰辛，也需要激情的支撑。只有实现理性、激情与创新的有机结合，才有可能把创业不断推着前进。

激情是动力，激情是战胜所有困难的强大力量。它让人保持清醒，意志坚强；它使人能全身心地投入到自己选择的事业当中去！有激情才有创新，有激情才能发挥人的最大潜能。行动中燃烧的激情具有神奇的感染力，它吸引更多的人来支持你，它会成为你成功的基石。

激情不是矫揉造作，而是发自内心表现于外的执著和热爱。我们要不断地反问自己：为什么我们没有激情？我们怎样才能有激情？

比尔·盖茨有句名言："每天早晨醒来，一想到所从事的工作和所开发的技术将会给人类生活带来的巨大影响和变化，我就会无比兴奋和激动。"

比尔·盖茨的这句话是他对工作激情的阐释。在他看来，一个优秀的员工，最重要的素质是具有对工作的激情，而不是能力、责任及其他。他的这

种理念已成为微软文化的核心，像基石一样让微软在IT世界傲视群雄。

比尔·盖茨就是一个不折不扣的工作狂，他时刻把激情用在工作上。比尔·盖茨每天工作十六七个小时，不管什么时候，只要有人去跟比尔·盖茨讨论工作，他都会表现得非常愿意；但是如果你突然间问一个跟工作毫不相关的问题，他就会马上失去了兴致，他似乎认为工作以外的事情是没有意义的。所以虽然他看起来也很辛苦，可是由于对工作的无比热爱，他总是充满激情，也总是乐此不疲。

激情是不断鞭策和激励我们向前奋进的动力，对工作充满高度激情，可以让我们不畏惧现实中所遇到的重重困难和阻碍。激情是工作的灵魂，甚至就是工作本身。当你满怀激情地工作，并努力使自己的老板和顾客满意时，你所获得的利益会增加。而工作中最巨大的奖励还不是来自财富的积累和地位的提升，而是由激情带来的精神上的满足。

创业者应该把自己的目标当做动力之源。做任何事情都需要有一个动力，每个人最大的原动力就是不断地追求、不懈地努力、超越自己。只要你能燃起这种动力，自然就会焕发出无限的激情。所以每个创业者，要想拥有激情，一定要有追求。时刻充满激情，尽自己最大的努力去做，时刻保持一种不断进取的意志力，保持一种充满激情的工作态度，最大限度地发挥自己潜在的创造力，即使你是最平凡的，也会表现出非凡的执行力。

“有人问我，为何短短几年就把企业做成现在的规模，发展之路更是越走越宽广？”王武说，“我的体会是，创业虽然很辛苦，但却充满魅力，创业的魅力就在于不断地追求，不断地超越。”

1989年，王武高中毕业后，在家乡饲养肉兔、生猪。鉴于资金、技术的限制，无法扩大生产规模。1990年，王武跟随打工热潮只身前往广东、深圳打工，在广州市江南批发市场从事蔬菜交易。艰苦的务工生活锻炼了他的意志，开阔了他的视野，也使他赚得了人生“第一桶金”，但王武并不满足于现状。

在一次回家乡时，他看到家乡的父老乡亲仍过着面朝黄土背朝天的生活，与沿海城市差距太远。他觉得他应该为家乡做点什么了，于是毅然地踏上了回乡创业之路。

通过市场调查与分析，王武发现特种野生动物的市场前景良好，四川作为野生动物资源大省，却没有充分利用这个优势。于是，王武就从内心萌生了一股强烈的创办实业的激情与冲动。

2003年，王武回乡创办了生物科技有限公司。经过几年的奋斗，在全体公司员工的共同努力下，公司已初具规模。2007年公司又牵头筹建了农业科技示范园，计划总投资1.2亿元人民币，占地1000多亩，包括肉兔养殖基地80亩、生猪养殖基地150亩、肉牛养殖基地100亩、实验动物养殖基地200亩、野生动物养殖基地70亩及果蔬园林基地600亩。涉及实验动物和野生动物的驯养、繁殖、销售、科研，畜禽、花卉、果蔬等产业新品种的选育、引进和推广，竹木产品加工、深加工等。2007年，公司实现年利润768万元。农业科技示范园的建设，解决了周边360人就业的问题，人均工资年收入可达1.6万余元，吸纳各类专业人才近200人，各专业大专以上应届毕业生20人，使用下岗再就业人员30人。

现在，王武的激情带动了周边及相邻县市5万多户农户走向从传统农业向现代农业转变的养殖之路。

找到创业的目标就有了创业的动力和激情，创业的魅力就在于不断地追求，不断地超越，王武就是靠他的激情和勇气为自己增加了财富，为家乡作出了贡献。

当我们死心塌地去热爱我们所做的工作时，就能产生火热的激情，它能让我们每天都全力以赴。久而久之，持续努力的付出自然会有回报，你将因出色的表现获得巨大成就。

失去热情，必然会失去继续前行的动力；失去激情，必然会失去战胜困难的勇气，不敢面对挑战，这样的人生必然乏味而无聊。

激情是一种精神，一种气质，一种境界，一种生活态度。

激情是毛泽东诗词“五岭逶迤腾细浪，乌蒙磅礴走泥丸”里伟人的英雄气概和浪漫情怀。

激情是苏东坡名句“羽扇纶巾，谈笑间，樯橹灰飞烟灭”里大师的豪放和大气。

激情燃烧的公司，不会失落、不会失衡。有激情在，任凭市场风里浪里，自有“闲庭信步”般的从容和自信。

一个人的职业生涯很难一帆风顺，前行的路上总会出现意想不到的大大小小的“拦路虎”，漫长的征程中疲惫和挫折难免会拖慢你的脚步。唯有保持激情，你才会有永不衰竭的动力；唯有热情地对待你要做的事，你才能主动出击、脱离平庸；唯有充满激情，你才能在挫折面前永不言败、笑到最后！

创业环境的不确定性

不确定性是指在没有获得足够的、有关环境因素的信息情况下必须作出决定策略，而决策人很难估计外部环境的变化。环境的不确定性增加了企业各种战略失败的风险，使企业很难计算出与各种战略选择方案有关的成本和概率。

有许多环境因素会对企业产生影响，其影响可能并不明显。企业必须面对这一现实并处理好环境不确定性，方能保持其提高效率。

自金融危机席卷全球以来，就业形势显得格外严峻。就业压力日益加剧，不明朗的未来，让年轻人感受到前所未有的恐惧。正是这种恐惧触动了年轻人心中的“老板梦”。创业，成了他们在这个就业恐慌年代的最佳选择。

当今社会，一个个创业名人的故事和形象深入人心，年轻人以他们为榜样，创业成了一种潮流。同时，国家给予了青年特别是高校毕业生创业注册、税收等一系列优惠政策，给创业创造了有利的外部条件。这一切的影响因素，成为目前众多青年们勇于创业的催化剂。

所谓创业环境，实现上就是创业活动的舞台。任何创业活动都是在一定的社会环境下进行的，当创业者迈向社会进入创业阶段的时候，呈现在

面前的是一个巨大的舞台。在这个舞台上，诸多事物与要素互动联系、碰撞，形成了现实的环境系统。

我们生活在一个复杂多变的转型时代，社会经济的、政治的、文化的等多重结构的不平衡，导致了创业环境的背景非常复杂，现代与传统、贫困与富足、进取与消沉、躁动与沉闷，都在我们的生活中异彩纷呈。

21世纪是个充满生机与活力的世纪，现代交通和网络技术大大缩短了人们之间的距离。科学技术的进步使整个世界日新月异，人类通向未来的道路变得更加宽阔。从全球范围看，世界发生着根本性的革命。新世纪的科技发展在多学科、大跨度、深层次中交叉、渗透和融合，人类的创新思维不断揭开客观世界的奥秘，引发了全新的技术革命和产业革命。这是一个群雄争辉的时代，全世界最优秀的人才都纷纷涌向一个全新的竞技场，无论是豪商巨贾还是身无分文的人，每一个公民都可能在这个变化多端的世界上亲自开创出一番事业。

从中国的范围看，改革和发展蕴藏着创业生机。和平与发展是当代世界的主题，改革与发展则是当代中国的主题。改革的时代环境往往是创业者成果辈出的摇篮，它将使人们有更多的自由去选择自己的人生道路，去改变自己的生命轨迹。在旧的体制被打破，新的体制逐渐被确立的过程中，人们的想象力、创造力和勇气会发挥到最大值，从而能创造出灿烂辉煌的业绩。

我国改革开放的深入，社会结构的调整与转型，为创业者提供了施展才华的舞台。如今，社会的转型与竞争机制的形成，拓展了人们的生存与发展空间，“走自己的路”，通过自身的努力来改变自己的生存状态已成为当今社会的共识。有的学者甚至提到：“下岗或许也是一种机遇。”因为人们在寻求工作岗位的过程中会增强自身的心理承受能力，提高创业综合能力，从而更能适应社会的要求，更能掌握自己的命运，更有可能获得成功。

随着人们思想的解放、观念的更新，社会人际关系也在发生变化，鼓

励冒险、崇尚自由、允许失败的人际环境逐步形成。

随着计划经济体制的消逝，社会环境对个人行为的制约越益宽松，社会的宽容度已足够支撑创业者们的创业选择。

可是也有很多约束，让打算创业的人犹豫不定。

(1) 创业的体制环境和政策环境还不成熟。在国家对体制的核心部分和重要环节加大改革力度时，创业有一个高难度、高风险的区段。在对社会利益格局调整的过程中，常常会出现顾此失彼的现象。这就使得创业者在初入社会进行创业时，与那些在社会奋斗多年的创业者站在同一条起跑线上，显然是比较艰难的事情。

(2) 缺乏雄厚的物质基础作为创业的支撑。我国尚处于社会主义初级阶段，家庭经济收人普遍不高，依靠家庭筹措创业资金的难度较大。目前我国的资本市场尚不成熟，风险投资并不充实，创业投资还处于起步阶段，融资的困难使许多创业者空怀优秀的创业计划而望市场之海叹而却步。

(3) 不熟悉创业竞技场变化无常的“游戏规则”。在社会变化中产生的一系列全新的各行业运作模式和规则，不可避免地会伴随着我们的创业行为。创业者必须熟悉这些运作模式和游戏规则，而且要随时应对变化。特别是在市场经济体制不完备的情况下，我们面对的有时又是无规则游戏，这使创业者很难理解和应对这种创业环境。

(4) 传统文化惯性使创业人际环境存在负累。人们的思想中长期养成的“等、靠、要”依赖思想，扼杀了创业所需的创新、创造意识；害怕失败、嘲笑失败的文化氛围，使许多打算创业的人安于平稳。这些文化上的负累，对于特别需要协作精神、创造精神和进取精神的创业者而言，自然会有相当大的负面影响。

若是你真有梦想为何不自己来掌握自己的命运，摆脱环境的束缚？环境可以影响到一个人的想法，但它却改变不了每一个人的品质。性格决定命运，对于创业者而言，无论身处怎样的一个环境，都应该保持清醒的头

脑来面对，只要拥有一颗坚定的心，在什么时候都是可以创业的。

社会结构的演变及科学技术的快速发展，激发了人们的创业意识，催生了创业行为。“知本”与资本的融合、价值观念的转变，都为创业环境的改变奠定了基础。对于有志于创业的人而言，创业的春天即将来临。

创业机会的复杂性

在如今的市场环境下，信息和知识变化迅速，环境中的不确定性日益加剧，如何在不确定的环境中迅速地识别出创业机会并作出正确的创业决策，是创业者们面临的重要课题。

创业机会的识别是创业行为的开端，是动态、复杂创业过程中最难识别的部分，是缺乏系统周密调查条件下的机会追求过程，是蕴涵大量不确定因素的行为过程，有很多中外学者对创业机会进行了大量的研究。Kirzner 从认知学的角度提出创业者应当具有捕捉市场获利机会的“敏锐”，创业者能够利用自己特有的知识来认知这种机会，并通过对机会的开拓获取回报。Timmons 指出，当环境改变时，机会将大量产生，知识和信息缺口将会随行业或市场的变化而改变。

叶明，1963 年出生于黄冈浠水县，19 岁那年带着父亲四处借来的 87 元钱，独自来到武汉闯荡。尽管他所受教育不多，但却能准确地把握市场动态。正是这种敏锐的“嗅觉”使他从修表匠做到小服装商，最后自己创办公司。如今他旗下已拥有 35 家房屋中介连锁店及武汉知名的房地产网站“汉房网”。

他讲："小时候吃了很多苦，就连读书的钱都是自己卖柴火赚来的。那时候柴火两三分钱一斤，一担能卖上一元多。一个学期10元钱的学费，要卖十趟柴火才够。高中毕业后，我考进一所中专，读了一年不到，我就后悔了，学校教的专业没多大用，家里又穷，几个妹妹都要读书。我不想读下去了，就想着怎么早点赚钱。

那个时候，农村人都认一句话，'天干饿不死手艺人'，我很快就作出决定——学手艺去。

1981年，手表正流行，年轻人都以拥有一块手表为荣，手表坏了不舍得丢，就找修表师傅修。做修表这一行，肯定能赚点钱。我就托亲戚帮我找了一个修表师傅，拜他为师。学了三个半月，修表技术都学得差不多了，就去参加考试，拿了《钟表修理技术合格证》。有了这个证书，我就可以自己营业了。

我彻底放弃了中专的学业，马上在老家摆起了修表摊儿。但没想到，生意做完了，钱却收不到。那时候农场里都是工分制，到月底或年底才变现。我帮别人修一次表，只能收到一个欠条。等工分变现，才能收到钱。半年下来，我还有200元的账收不回来。看样子，修表生意还是要到城市去做。

我回家和父亲说了自己的打算，父亲对我十分支持，找亲戚朋友们拼拼凑凑借了87元钱。在火车上，我暗暗发誓要在这个城市里扎根。

我在汉口火车站附近摆了一个修表摊儿，刚开始生意平平，第一个月只赚了100多元钱。后来凭手艺和价格，回头客越来越多，生意很快好了起来，每个月都能赚到两三百元钱。

1983年，我报名夜大的财会大专班，白天修表，晚上上学，一学就是四年。

做了八年的修表匠，其他生意我一窍不通，做什么生意赚钱呢？那时我有几个朋友正在经营服装、鞋子等，利润很高，我也动了心，打算开家鞋店。

1991年冬天，我接下一家合适的门面，然后一个人坐火车到广州去进

货。一个人去进货真的很苦，身体上的苦还是次要的，最难受的还是提心吊胆的感觉。

有句土话说‘光脚的不怕穿鞋的’，已经到了这一步，就放手去做好了。我又找一个朋友借了 1 万元钱，着手做服装生意。

这次我很谨慎，先调查了武汉的服装市场，发现价位 200 元左右的服装比较好卖，利润也相对较高。1993 年 4 月，我再次前往广州进货，几番下来，我的服装店盈利了，当年就还清了所有的欠债。

1997 年，我手头已小有积蓄，打算购买一套小两室一厅。那时还没有房屋中介，要想找到合适的二手房，就要找“房贩子”。“房贩子”只提供二手房信息，买房这么麻烦，就想要是开家公司，专门代办各种手续应该生意不错。

我一边继续做生意，一边留心这个行业。1999 年，我投了全部积蓄 5 万元钱，开了第一家中介，取名‘华明达’。

做中介生意，几乎没有不扯皮的，有的顾客买了房就赖中介费，我也不得不厚着脸皮上门要。

生意越做越大，现在我拥有的是一个资产百万的家族企业，但我却常常感觉力不从心，觉得自己的知识不够用，企业管理跟不上。现在我最大的愿望就是把公司彻底股份化，再吸引部分股东，一起把公司做大。而我，也能腾出时间，去读 MBA，这是我多年的愿望。”

正因为我们在创业中有很多机会，有很多选择的余地，才会使我们在遇到困难的时候，轻易地放弃或是退缩去选择另外一个，这就削弱了承受困难的能力，而变得脆弱。正是叶明在生活中没有退路，无形中给他施加了压力，他通过努力，使自己最终获得了成功。

对于一个创业者而言，创业的机会是无处不在的。无论时间、地点以及其他的各种因素，都有可能成就一个创业者的品牌和事业，只要你善于去发现和发掘。

时代的发展与科学的进步以及人类生活质量的提高，每一步都与创业有着直接的关联。同时，创业的主角也是在不断变化着的。只有跟上时代变化，不断创新和求变的创业者，才有可能成为永远站在事业巅峰上的大成者。

如果你是个善于发现和发掘机会并有志于创业的人，你就有可能就是明天的比尔·盖茨。做好准备，迎接创业机会，练就慧眼，识别创业机会。抓住机遇，不要错过每个创业的春天！

深刻反思“我为什么要创业”

每一个创业者在创业之前都必须明白自己为什么要做，为什么现在做？因为这个问题可以让我们清楚地了解到我们的动机是否正确，是否思考得很成熟、清楚。

很多人说：我不喜欢自己现在做的工作；我受够了自己一直处在生活的贫困中；我受够了自己不能控制自己的时间；我希望改变，希望赚更多的钱；我希望创造自我的价值；我需要成就，我需要帮助他人。当你真的想了很多这样的问题，你会在这些问答中找到自己内心的答案。

《穷爸爸富爸爸》这本书，告诉我们一个道理，人这一辈子在世界上只有两条路可走，第一个叫就业，第二个叫创业。

只有创业者才可以实现财富自由。所以，今天全世界的聪明人都在创业，不仅中国的创业家和创业者在中国，甚至全世界的企业家都到中国开始创业，所以在中国这么好的时代，我们创业是很好的选择。

为什么我们要创业呢？不管你是想创业的人还是不想创业的人，不管你是学生还是社会上的人，在中国这个最好的创业时代，这现实的环境促使我们创业，来更好地报效我们的父母。

你的创业目的是什么。可能有人会反问：“不是为了赚钱和过上富裕

的生活吗？”无法否定赚钱和改善自己的生活是创业的目标之一，但赚钱并不是唯一的目的，因为创业本身是为了实现创业者自身的价值，成就自己的梦想，是为了成就更多社会价值，每一个伟大的创业者都不仅仅是为了自己的物质需求而创业的，而是为了成就更大的人生价值。

比尔·盖茨的财产净值大约是467亿美元。他为什么还要每天工作？Viacom公司董事长萨默·莱德斯通在63岁时着手建立了一个很庞大的娱乐商业帝国。63岁，在多数人看来是退休、尽享天年的时候，他却作了很重大的决定，让自己重新回到工作中去。而且，他总是一切围绕Viacom转，工作日和休息日、个人生活与公司之间没有任何的界限，甚至能一天工作24小时。他为什么还要这么辛苦呢？

斯蒂芬·斯皮尔伯格的财产净值估计为10亿美元，不像比尔·盖茨那么多，不过也足以让他的余生享受优裕的生活了，他为什么还要继续拍片呢？

那些拥有了巨额“薪水”的人们，不但每天工作，那么卖力而且时间那么长。他们那么富有为什么还要这么做？是为了更多的钱吗？

“实际上，钱从来不是我的动力。我的动力是对于我所做的事的热爱，我喜欢娱乐业，喜欢我的公司。我有一种愿望，要实现生活中最高的价值，尽可能地实现。”这是萨默·莱德斯通自己对此的看法。就是这种自我实现的热情，使他们热衷于他们所做的事业，而非单纯地为了名利，甚至当他们可以控制生活的时速时，他们的脚还是不会离开油门。

把自己创业的目标和自己事业的目标、人生的追求结合起来，创业才会更加有意义，动力才会更大。

没有任何人注定是平凡的

平凡，就是一般。一般的模样，一般的身份，一般的谈吐和一般的表现。诚然，许多人生活的常态都是这样的平凡。许多的困难，让人们对自己的追求望而却步，日益消沉，甘于平凡。可是没有人是注定平凡的，置身平凡又胸无大志的人，则会让自己的生活平淡无奇。怀着追求精彩生活的理想去奋斗、拼搏，会让自己的生活更加绚丽多彩。

从某种意义上来讲，平凡就是普通的代名词，尽管有些人说，人生还是平凡点好，做个平凡的人吧。那只不过是不能超脱平凡的一种自慰的话罢了。人生短暂，谁不想让人生多一些美丽、多一份成功呢？平凡的人生不会有辉煌的波澜。一个人不能平凡地过一生，一定要让自己的美被人发现，要让自己活得更加亮丽。

“人生”，这个词虽然只是由简单的两个字组成的，但它却蕴涵了无数的道理，也包藏了说不完的甘苦。有些人一生平平凡凡、脚踏实地的生活着，因此，在他人生结束的时候，用的是句号；有些人一生轰轰烈烈，但是却因“壮志未酬身先死”，因而他们用了个惊叹号作为结尾；也有一些人的生活漫无目标，一生迷迷茫茫，不知所措为何来，所以，到了人生结束时，只能留下一个大问号了！如果让你来选择，你会用一个什么样的符

号来展现你的人生呢?

生活中并非人人都能挑起大梁，追求精彩的人不一定会让自己过得精彩，然而，这种追求精彩的本身便是一种难得的精彩。我们的生活所需要的正是这种敢于追求精彩的精神。敢于向生活挑战的勇气，而不是矢志无为的平凡。

告别平凡的生活，需要对人生永不言败的挑战；活出精彩的人生，要建立起对生活永不低头的信念。不要让自己做雀鸟徘徊于草丛荆棘之间，而要做雄鹰翱翔于九天苍穹之上。

人生不求伟大，但也不要甘于平凡；社会历史既然提供了这么大的一个舞台给你，你就应该好好地去把握，好好地去表演。当环境变得被你熟知和适应之后，一切开始周而复始，每天都过着相同的生活，重复着相同的内容，这时人的内心就会产生惰性，不再那样勤奋了。因此，只有寻求突破，才不至于使自己的一生在平凡中度过，碌碌无为。

在社会的无形压力下，所有人都生活在生存的压力中，为了明天更美好，你应该去努力，去拼搏，去追求自己心中的理想，完善自我，生生不息。每个人都要给自己一个命题，就是不甘于平凡。平凡的人生，注定只是平淡无奇的人生。所有拥有成就的人，都是不甘于人生平凡的典范，当你意识到自己很平凡时，相信你一定会不甘于自己的平凡而去努力奋斗，直至你成功的那一天。

比尔·盖茨是计算机方面的天才，早在他还没有成名的时候，他对计算机就十分痴迷。比尔·盖茨曾就读于西雅图的公立小学和私立的湖滨中学。在那里，他不仅发现了自己在软件方面的兴趣，并且在13岁时开始了计算机编程，甚至是一个典型的工作狂，但这种“工作”完全是出于一种本能的爱好——这种爱好让他在湖滨中学时期就已表现得淋漓尽致。

当比尔·盖茨决定把计算机当做自己的事业时，那时候IBM都没有看

好他倡导的所谓软件，但是若干年后，微软公司已经成为世界上最成功、最受尊敬的企业，而比尔·盖茨则成为世界上最耀眼、最受推崇的CEO。

每个人该如何度过自己的一生，还是由他们自己选择的好，但每个人都还是应该积极一点，热情一点，不要甘于平凡，千人一面。我们要学会去认识自己，认清自己，发挥自己的长处，使自己的人生变得辉煌灿烂。

在平凡的事情中做出不平凡的成绩来。在这个世界上，所有不平凡的业绩都出自于平凡，把每一件平凡的事情做得好，那就是不平凡。

没有人注定平凡，也没有人生而卓越，命运掌握在自己手中。

踏上挑战的征途

当凡·高痴迷于阿尔的黄色时，他已踏上寻求自己独特艺术的艰辛征途；当伯里克利入主雅典卫城时，他便踏上了让雅典城强大、扬伸雅典文明的征途；当拿破仑豪言“我不仅仅要让巴黎成为最美丽的城市，而且要让它成为曾经存在过的最美丽的城市”时，他便踏上了让巴黎扬名世界的迢迢征途。

征途，就是充满挑战之途，艰辛而漫长。需要的不仅仅是那腔热血，那份豪情，更需的是那份冷静，那股执著。“壮士一去不复返”的勇气固然不可或缺，但“宠辱不惊，闲看庭前花开花落”的理性平和却是这荆棘艰险路上必需的武器。

每个人都要接受命运的考验，挑战对于创业的人来说，是乘风破浪坚持到底，还是半途而废另谋他路是决定创业者成功与否的关键。于是，我们为了美丽的梦想，踏上挑战的征途，迎接机遇，迎接苦难，收获成功。

Elisa的创办人，是黄惠琼和她的先生陈昱成。十二年前，他们一毕业就结婚生子，揣着怀里仅剩的五万元，在台北找工作。原本夫妻俩打算应征一般工作，但算来算去，做生意发财的机会还是比坐办公桌大，最后决

定闯一闯。黄惠琼想起学生时代曾在贸易公司打工，认识专门做饰品外销的工厂。因此决定批发饰品来卖。她到士林及中永和的工厂，以“想买几个饰品送妈妈”为由，分几次凑了三十几个饰品，再买一个007手提箱摆放饰品，就跑到不会遇见熟人的中坜夜市摆起地摊来。因为有到饰品外销工厂验货的经验，她知道如何看镶工、材质；她也观察到，国外客户的订单大多落在几款特定饰品上，这几款应该会很好卖。

创业初期手头依然拮据，她常常连一条十二元的巧克力都舍不得买。眼看路边摊生意毕竟不足一辈子的志业，而明曜百货的特卖活动，成了黄惠琼努力踏入百货业的敲门砖。得到第一次试卖机会，习惯摆路边摊的他们，连桌子都不知要准备，拎着007手提箱到百货公司就要开卖，幸好明曜紧急借来长桌及绒布才让他们应急。

黄惠琼摆路边摊，已练就跟客人搏感情的本事；她知道饰品是冲动性购买，不是一直介绍就会成交；黄惠琼算准，家庭主妇舍不得在路边摊花太多钱，最后可能只买一件饰品；当她以“一件八百元、两件一千五百元”促销时，心里已经有谱，客人可能要求以单件七百五十元成交，此时黄惠琼不会在价格上太坚持，让客人以为捡到便宜。

对黄惠琼来说，每一笔交易都很重要，客人一上门，她就会积极配合客人需求、帮客人佩戴各种饰品，比起其他专柜小姐不情愿让客人试戴，笑容满面的黄惠琼一句“戴戴看，不买没关系。”往往已卸除客人心防。她口才虽不流利，却总是不厌其烦的介绍产品，把产品的材质、特性讲解得清清楚楚。对她来说，即使没有成交，依然从中观察购买行为，学习更多经验。

十一年前，黄惠琼第一次拜访太平洋Sogo百货的楼面管理人员时，只带着一个装满饰品的黑色实木珠宝箱，连公司简介都没有。尽管她把前一晚丈大教她的说词背得滚瓜烂熟，但因为口才不好，只讲了五分钟，就被以“你什么都没准备，来干嘛！”“请”出办公室。黄惠琼仍不死心地每隔半个月就拨电话求见Sogo楼管。第三次拜访，终于获得Sogo百货十楼

特卖会的临时柜，这一次，半个月档期做出四十五万元的业绩，在人潮随楼层递减的百货业，这样的成绩格外引人注目。

在Sogo临时柜磨了两年多，黄惠琼几乎逢特卖必参与，终于等到了Sogo百货的正柜出缺。当年把黄惠琼“请”出办公室的楼管，回过头来力荐这个高阶主管听都没听过的小厂商。如今，Elisa已在Sogo迈入第十年。

从一条十二元巧克力舍不得买，到如今一出手就是千万元的温泉住宅，黄惠琼靠着路边摊的柔软身段，获得今日的成绩。但百货公司的成功只是起步，如何避免路边摊仿冒及大陆货倾销，又能维持货品新意，将是Elisa持续要面对的挑战。

挑战，是一个漫长的过程，没有一蹴而就的快捷方式。它有时是枯燥的，有时是艰苦的，有时是危险的。我们不得不从单调中寻找乐趣，从绝望中寻找希望。

踏上挑战的征途，亦是踏上充满欢笑苦乐的人生之途。人生轨迹便是由一段段征战之途连缀而成，或喜庆，或悲苦。尽管有时会让你痛心疾首，但这都是人生中一笔珍贵的财富。

踏上挑战的征途，要眼观八方，审时度势，孤陋寡闻、一味埋头无异于闭门造车。脱离周围环境的存在是不存在的存在，虚幻缥缈。环境可以影响一个人，也可以毁灭一个人，在前进的路上，众多的十字路口随时都会摆在你面前。往左，也许就会踏入万劫不复的深渊；往右“柳暗花明又一村”的喜人景象说不定就会眷顾你。此时，明智的判断、头脑的清醒尤为重要。

踏上挑战的征途，不必太在意结果。怀一颗平常心，一路走来，两旁的风景也会令你赏心悦目，获益匪浅。征途也是欣赏猎取之途。有时过程比结果更值得追求。

也许现实的落差会击碎我们的梦想，使我们随遇而安不求继续的征战。但是失意本身不是坏事，关键我们要从中体会挖掘到有益的东西。

2003年8月出版的美国《财富》杂志，分别选出了“美国及美国以外全球最具影响力的25名商界领袖”，其中，海尔集团首席执行官张瑞敏排在第19位，也是中国内地唯一入选的企业家。

斯坦福大学的两位教授，花了六年时间研究了18家基业常青公司的成功经验，得出这样的结论：“最成功的公司致力于赢得竞争，他们的对手是自己”。张瑞敏无疑是一位将自己视为对手的企业家。

一次，张瑞敏在中国企业家论坛上指出：“创新精神取决于管理者的自我创新，为什么有的企业难以持续发展，原因在于管理者往往沉湎于昨天的成功，难以自我创新战胜自我。海尔的理念是只有创业没有守业，不断打破昨天的思维定式，去争取更大的成功！”张瑞敏的成功正是他以自己为对手，在不断战胜自我的过程中，赢得了人们的尊敬。

人生就是一个自己不断战胜自己的过程，在自己不断战胜自己的过程中，逐渐地改变自己。成熟人最大的敌人就是自己，人要做的就是不断向自我挑战，继而不断战胜自己

正如美特斯·邦威集团董事长兼总裁周成建所说：“最大的竞争对手是自己，要战胜别人首先要战胜自己很多事情，并不是自己被别人打败了，而是自己被自己的失败心理打败了因为，不管是做人还是做企业，最难的是自我否定和自我超越！”勇敢地面对一关关的挑战，不断战胜自己，才能一步步走向成功！

松下幸之助说过：“做生意如果不追求成长，或不向更高的目标挑战的话，就无法品味到身为商人的喜悦和充实感了”

最大的竞争对手是自己，最大的挑战对象是自己。不断超越自我，战胜自我，超越财富；要时时刻刻寻找自己的下一个增长点，不断挑战，不断创新，不断离成功越来越近。

你找到属于自己的那条通向罗马的征途了吗？如果你已经找到，那么

请不要畏惧，背负行囊踏上你自己的征途吧！假使到现在你还没能够寻觅到那条征途，就请仔细地斟酌，找到属于自己的真正的征途，彼岸胜利的灯塔就在你不远的前方！

我们没有伟大历史人物的那种驾驭能力，但我们有万丈豪情，有鹰击长空的雄心，有沸腾的热血，有初生牛犊不怕虎的胆识。既然如此，就让我们怀揣希望，坚定意志，踏上属于自己的征途。

抬头向外，窗外已是大片大片的嫩绿，昭示着初夏业已来临。春天的百花争艳早已流逝，遗失的美好请不要再伤感，要昂首翘望欣欣的未来，踏上漫漫挑战的征途吧！

寻找每一个让你成功的创业机会

创业机会，是指在市场经济条件下、社会的经济活动过程中形成的一种有利于企业经营成功的因素，是一种带有偶然性并能被经营者认识和利用的契机。

机会对于每个创业者来说都是平等的，有的人善于把握它，就赢得了成功；有的人则对它视而不见，从而也就与成功失之交臂。同时，对于乐于创造机会的人更是不言而喻，他们的事业成功率要远大于不主动寻找机会者。

许多成功创业者的高明之处，就是善于发现生意机会，成功的创业家头上就像长了一副灵敏的天线，随时可以接收到机会的信息。

创业机会具有以下特征：

（1）普遍性。创业机会普遍存在于各种经营活动过程之中。凡是有市场、有经营的地方，客观上就存在着创业机会。

（2）偶然性。对一个企业来说，创业机会的发现和捕捉带有很大的不确定性，任何创业机会的产生都有“意外”因素。

（3）消逝性。创业机会存在于一定的时空范围之内，随着产生创业机会的客观条件的变化，创业机会就会相应的消逝和流失。

一个大学毕业、找工作处处碰壁的失落青年，在两个月内换了10份工作后，终于再也没有了继续找工作的本钱！在万般无奈的情况下，这个时年24岁的年轻小伙东拼西借，好不容易凑够了1000元钱的生活费，看着这一张张百元大钞，他陷入了沉思，他真的不知道自己究竟该做什么，更不知道为什么别人都能适应的工作岗位……

他当然知道自己虽然是大学生，但是却没有一点工作经验，他对自己的要求很低，低的甚至只有跟普通工人的水平相当，他对工作职位要求也平平，平得甚至也去做普通工人！但他最终都没有能坚持下来！他怀揣1000元钱，没有固定的地方住，他就选择了8元店，借来的钱不舍得花，他每天仅仅吃一顿饭，而这一顿饭还是简单的不能再简单的馒头和一些咸菜。是继续找工作还是自己想其他办法?！他很疑惑，他很害怕自己找工作到最后还是一无所获，他更害怕一无所获后自己再也没有地方去借钱！虽然他找工作很失败，但是他总相信自己有能力做更好的工作，他更相信自己未来一定会成为有钱人！

7月，南方的深圳还是一片热气，而电子信息行业的高速发展使深圳这个充满商机的地方更是热气熏天。这天他到市内一电子市场，想看看有没有合适的工作做，偶然间发现，这里来来往往的都是跟他年龄相仿的人，他更自卑了，看看别人，想想自己，无奈，伤心，甚至想去哭泣，去抱怨造化没有给自己一个好的出身环境。电子市场的一行使他在悲痛之余想到了接近他们的愿望，他知道要想赚钱，必须跟有钱的人再在一起。一个偶然的机会，他发现有一家公司在四处寻找一款电子元件的样品，而这款电子元件全国市场都缺货，这个公司可谓是找遍中国也没有找到，时间紧急，为了一新产品的早日上市，公司也是想尽了办法仍然没找到，而这时候的他却在上网时意外发现这一款元件，由于自己不确定，所以他就试探的给卖料的那个公司打电话去确认，经过确认确实是他们需要的那个料。于是他电话给需要料那公司的采购人员。对方情绪激动，说了很多感谢的话希

望能帮忙。他认为几个样品用不了多少钱，而他如果能帮助一下人说不定还能在这陌生的城市认识个朋友，最重要的时，还可以赚点样品费，他是这样想的，于是他就这样去做了。命运或许有时候会定时下降给某人，恰好正是这个公司要的一款。他帮了那个公司大忙，而且还赚了30多元的样品费，他欣喜若狂，毕竟这是他第一次靠自己去赚的钱。

当一个人开始不断增加自信心时，他的生活就会慢慢好转，再过了大概半个月后，他正努力朝电子行业发展，想努力多找些那些需要样品的公司来服务赚取样品费时，人生的第一大单就悄悄地降临到了他头上……

这种偶然性的机会不是没有。抓住稍纵即逝的机会，关键是要有发现它的眼光。

创业者如何寻找合适的创业机会呢?

企业的根本是满足顾客需求，而顾客需求没有得到满足就是问题。寻找创业机会的重要途径，就是去发现和体会自己和他人在需求方面的问题。

著名管理大师将创业者定义为那些能“寻找变化，并积极反应，把其当做机会充分利用起来的人”。

产业结构变动、消费结构升级、城市化加速、人们观念改变、政府改革、人口结构变动、居民收入水平提高、全球化趋势等这些都是变化，其中都蕴藏着大量的商机，关键要善于发现和利用。比如，居民收入水平提高，私人轿车的拥有量将不断增加，这就会派生出汽车销售、修理、配件、清洁、装潢、二手车交易、陪驾等诸多创业机会。新知识、新技术、知识经济的一个重要特征，就是信息爆炸，技术不断更新换代，这些都蕴藏着大量的商机。比如，随着健康知识的普及和技术的进步，仅仅日常的饮水问题就带来了不少创业机会，各种净化水技术派生出诸多的饮用水产品和相应的饮用水供应站。

赵雪，出生在青海西宁市。从西北大学毕业后，她来到意大利米兰留

学，学的是国际贸易专业。之前她在一家华人开的酒楼做兼职点单员。如今，意大利30多家商场及旅游艺术品公司从她手里进货。法国、瑞士、比利时的商人也纷纷要求供货。她成了名副其实的“藏饰女王”。

赵雪在家时就是一个很有时尚品位的女孩，不仅对服装搭配颇有研究，因在青藏高原长大，从小她就对极富民族个性的藏族饰品情有独钟，是个“藏饰发烧友”。

每当和欧洲的同学谈到这些，她就忍不住拿出自己收集的藏饰向她们展示。确实非同一般的丰富，一个很精致的小旅行箱里分类装满了以藏银、红珊瑚、绿松石等精工制作的项链、挂坠、耳坠、戒指、手镯等，这些五花八门、风格各异的饰品竟然在木地板上摆了半个房间。而且件件古朴典雅、精美绝伦。“呀，真是太美了！”一位女孩说，“赵，你可以开家首饰店了，生意肯定好！”真是说者无意听者有心，赵雪脑海中马上如电光石火般产生一个创业灵感。

可是在米兰开家小店并不是件容易的事，仅房租就是一笔不小的数字，此外还有比中国高数倍的税收，况且欧洲人能否接受来自“世界屋脊”上的藏族文化，当时赵雪心里真没底。

她凑钱在多莫广场附近租了间铺面，为防万一，赵雪还批发了一些来自非洲的手工艺品出售。小店开张后，最吸引米兰美女的还是那些琳琅满目的藏饰。因这里的藏饰都是赵雪多年收集的精品，标价从最低的几十欧元到数百乃至上千欧元，件件价格不菲，但还是无法阻挡米兰美女们火一样的购买热情。

粗略估算一下，仅短短的6天时间她就赚了1300多欧元，若折合成人民币有13000多元呢！这大大出乎了赵雪的意料。过去自己在餐馆打工，顶风披月一个月还挣不到1000欧元。

后来赵雪进来3000多个品种，一件比一件精美，真让人看得眼花缭乱。不用做广告，马上就招来了一群时尚女性，因米兰女孩购物最喜欢结伴而行，于是一传十、十传百，到第二天上午，因店里人太多，门口已悄然排

起了长队。其中很多藏饰刚展出不久，就先后有 20 多名欧洲艺术家不惜重金买去收藏。有的还进了比利时、法国和意大利的一些知名博物馆。

如今，赵雪已有了 130 万欧元的资产，折合成人民币，早已是位令人羡慕的千万富姐了。而赵雪将来的打算就是——把藏饰卖遍欧洲，推向世界！

赵雪正是抓住了米兰女孩爱美的心理需求这个机会来创业，获得了财富，享受到了成功。

商场竞争非常残酷，但既是挑战，也是机会。如果你看出了同行业竞争对手的问题，并能弥补竞争对手的缺陷和不足，这就将成为你的创业机会。因此，平时做个有心人，多了解周围竞争对手的情况，看看自己能否做得更好？能否提供更优质的产品？能否提供更周全的服务？如果可以，你也许就找到了创业机会。培养自己善于发现机会的眼睛，勇敢努力地去做，成功还会远吗？

第二章　拥有创业精神是冲破创业阻力的第一步

哥伦布发现新大陆，郑和七下西洋，诺贝尔发明炸药，哥白尼创立天体运动论，这些历史上的著名事件，都开始于冒险。没有冒险精神，人类就没有创造，就没有社会改革。只有带着沉重的冒险意识，敢于怀疑并打破过去的秩序，通过冒险而取得胜利后，才能享受到成功的喜悦。创业需要胆量，需要冒险。

创业精神即是冒险精神

你想要创业，首先，你必须是一个敢于冒险的赌徒!

道理很简单，创业本身就是一项冒险活动。赌徒最有胆量，敢下注，想赢也敢输，所以，他们最适合创业。科学研究发现，赌徒的心理承受能力远远强过普通人，而创业正是最需要强大心理承受能力的一项活动。

史玉柱就是一个有创业精神的人。当年在深圳开发 M-6401 桌面排版印刷系统，史玉柱的身上只剩下了 4000 元钱，他却向《计算机世界》定下了一个 8400 元的广告版面，唯一的要求就是先刊广告后付钱。他的期限只有 15 天，前 12 天他都分文未进，第 13 天他收到了 3 笔汇款，总共是 15820 元，两个月以后，他赚到了 10 万元。史玉柱将 10 万元又全部投入做广告，4 个月后，史玉柱成为了百万富翁。

这段故事被人们津津乐道，但是想一想，如果当时 15 天过去，史玉柱收来的钱不够付广告费呢？要是之后《计算机世界》在报纸上发一个向史玉柱的讨债声明呢？也许我们永远也不会看到一个轰轰烈烈的史玉柱了。

很多创业者在创业的道路上，都有过惊险一跳的经历。这一跳成功了，

功成名就；要是跳不成，就只能重新再来了。

当年周枫带人做婷美，一个500万元的项目，做了2年多，花了440万元还是没有做成。眼看钱就没了，合作伙伴都失去了信心，要周枫把这个项目卖了。周枫说，这样好的项目不能卖，要卖也要卖个好价钱。合作伙伴说，这样的项目怎么能卖到那么多钱，要不然你自己把这个项目买下来算了。周枫就花5万元钱把这个项目买了下来。原来大家一起还有个合伙公司，作为代价，周枫把在这个合伙公司的利益也全部放弃了，据说损失有几千万元。

单干的周枫带着23名员工，把自己的房子抵押，跟几个朋友一共凑了300万元。他把其中5万元存在账上，另外的钱，他算过，一共可以在北京打两个月的广告。从当年的11月到12月底，他告诉员工，这回做成了咱们就成了，不成，你们把那5万块钱分了，算是你们的遣散费，我不欠你们的工资。咱们就这样了！这些话把他的员工感动得要哭，当时人人奋勇争先，个个无比卖力，结果婷美就成功了。周枫成了亿万富翁，他的许多员工成了千万富翁、百万富翁。

很多的市场专家分析出周枫和婷美成功有许多的原因，其实事情并没有这么复杂。不过是一个合适的产品，加上一个天性敢赌的领导，加上一些合适的营销手段，才有了这样一桩成功的案例。

现代商人最大的特点就是有梦想、有毅力、有胆量，对机会的把握十分准确，并且永远领先于时代。而作为一个即将踏上创业征途的新人，我们具有创业精神吗？怎样培养创业精神呢？

（1）算一下行动起来的好处和不行动的代价。如果我们不知道该如何行动起来，有时就需要别人提醒我们行动起来的好处，也需要弄清楚不行动会有什么坏事发生。这就像我们需要减肥，但自己又提不起兴趣，这时需要别人的提醒：减肥成功之后，样子会更好看，会看起来更健康。我们

也可以想想，如果现在不减肥，会对健康有什么害处。越是观望等待，消极的代价就越大。通过算清楚行动起来的好处和不行动的害处，我们就可以开始行动了。

（2）要培养一种紧迫感。在确信自己应该行动起来之后，下一步就是实实在在地行动起来。你心中要产生一种紧迫感，不要选择最后的时机开始行动，而应从相反的角度看待这个问题，问问你自己："我最快是什么时候能开始"。你甚至可以把你的目标公之于众，给自己增加鞭策力。

（3）现在就制定进度。定出进度，按进度规划要做的事。有时候，需要把这些写成白纸黑字来鞭策自己的行动。另外，把一项大任务或大工程分解成容易完成的小任务，可使整个计划得以实现。

（4）不要坐等自己想动时才动。认准了这是一件该做的事，你现在就行动起来。你的感觉会跟着你的行动走。

（5）不要等到看清楚每个问题的解决办法之后才开始干。塞缪尔·约翰逊说："如果要先搬掉所有的障碍才行动，那就什么也做不成。"成大事者会立刻抓住大好时机，迅速作出重大决定，然后马上投入行动。个人的积极性会使一切都动起来。积极性导致行动，也积累起冲劲，而冲劲对于成功是无价之宝。

冒险精神是创业家精神的一个重要组成部分，但创业毕竟不是赌博。创业家的冒险，迥异于冒进。

第一个吃螃蟹的人不一定是一位极具创业潜质的人，但是他一定是一位很有创业精神、敢于挑战的人。

一个成功的企业家应该具有冒险精神，如果没有这种精神，领导工作就会陷入没有创新精神的状态中，这将不利于一个企业的发展，也很难说企业家能够在如"人事结构，人员任命"等方面进行大刀阔斧的改革。

没有冒险精神，企业家就只能忙于维持现状，而一个企业的管理工作的本质就是不断的实施变革，使企业获得新的发展机遇，没有这种冒险精神，一切都无从谈起。

企业家至少在最初阶段或者某个阶段的某些重大问题上具有敢于冒险的精神当然，要想使冒险能够成功，最后创造出价值还需要理智。

1866年，汽车诞生了，为了适应时代发展的需要，满足客户的要求，劳埃德在1909年冒着未知的风险率先承接了这一形式的保险，在还没有“汽车”这一名词的情况下，劳埃德将这一保险项目暂时命名为“陆地航行的船”。

劳埃德还首创了太空技术领域保险，不过这项保险的风险更大。例如，由美国航天飞机施放的两颗通信卫星，1984年曾因脱离轨道而失控，其物主在劳埃德保了1.8亿美元的险。劳埃德眼看要赔偿一笔巨款，他灵机一动就出资550万美元，委托美国“发现号”航天飞机的宇航员，在1984年11月中旬回收了那两颗卫星。经过修理之后，这两颗卫星已在1985年8月被再次送入太空。这样，劳埃德不仅少赔了7000万美元，而且向它的投资者说明：从长远看，卫星保险还是有利可图的。

目前，英国的“劳埃德”保险公司已成为世界保险行业中名气最大、信誉最隆、资金最厚、历史最久、赚钱最多的保险公司，它每年承担的保险金额为2670亿美元，保险费收入达60亿美元。

“敢冒最大的风险，去赚最多的钱”，一直是劳埃德的宗旨，它最大的自豪就是它的冒险精神，这就是能敏捷地认识并接受新鲜事物。现任劳埃德总经理说：“劳埃德的传统就是要在市场上争取最新保险形式的第一名，即使这样做要冒巨大的风险。”

在某种程度上，生活是属于勇敢者的游戏，你的胆子越大，敢于尝试的越多，你的人生就越精彩。

创业精神是全身心的投入，是用生命捍卫誓言的壮丽，是以推动团队为己任的决心！创业精神不一定非是老板才要有，如果你没有创业精神，终日斤斤计较、浑浑噩噩，一生注定将碌碌无为！人一旦行动起来，就能克服难以想象的障碍！

恒心是创业的根本

恒心毅力是一种心智状态，所以是可以培养训练的。恒心和所有的心态一样，奠基于确切目标，其中有：

(1) 目标坚定。知道自己所求为何物，是第一步，而且也许是培养恒心最重要的一步。强烈的动机可以驱使人超越诸多困境。

(2) 渴望。追求强烈渴望的目标，相形之下是比较容易有恒心，并坚持到底。

(3) 自立自强。相信自己有能力执行计划，可以鼓舞一个人坚持计划不放弃。

徐真是个苦命人。1970 年 3 月的一天，因为天气很冷，当时还只有半岁的他在厨房里炉灶旁烤火取暖，不慎跌入火盆。

随后，徐真被父母送到医院抢救。经过医护人员的精心救治，虽然保住了他的生命，但他最终还是失去了右手和右耳，身体右侧的脸部、颈部等处留下了大面积的伤疤。

由于家庭困难，1986 年，徐真初中毕业就回家务农了。

一开始，徐真在集镇里摆起了卤肉摊。后来，徐真又帮别人看鸭子，

在掌握了一些常识后，他决定从孵化鸭苗干起。功夫不负有心人，他的鸭苗孵化得非常成功，不少养鸭户直接到他家进鸭苗。

尽管养鸭每年能挣不少钱，但徐真并不满足。当他从电视和报纸上了解到全国各地正在加大城市建设，苗木需求量也越来越大时，就决定放弃养鸭子，承包附近村民的荒山、荒地来种植苗木。

为了种植苗木，他把自己十多年挣的钱全部投进去作为启动资金，但还差不少。既然没有那么多钱，搞不起大规模，那就慢慢来。他从承包10多亩荒地开始，逐渐实现了他的苗木发展梦。

一开始，他的苗圃场里只有楠木、红枫、紫薇、武汉粉等几种苗木，随着生意越来越大，广玉兰、桂花、深山含笑等一批名贵苗木也开始进入苗圃场，最后发展到60多个品种。

2002年，江苏江都市一名老板来到马回岭进苗木，当他看到徐真的苗木管理得非常好，而且发现徐真非常诚信时，决定选择他苗圃场里的苗木。当年，仅他一个人，就从徐真的苗圃场里进了近30万元的苗木。

随后，徐真用挣来的钱扩大再生产，又增加了30多亩荒地。随着名气越来越大，徐真的苗木生意也越来越好。到目前为止，他共承包了100多亩荒地、荒山。由于生意越做越大，地点又比较分散，徐真从附近的村庄招来了30多人长期帮助自己打理苗圃。忙的时候，有60多人在苗圃里做工。

现在的徐真为了壮大苗木事业，成立了朝阳苗圃有限公司，并征订了《中国园林绿化》等杂志，还经常在上面刊登自己的苗木信息。

无情的大火使徐真成了残疾人，但是他的事业却不受他身体的限制蒸蒸日上。没有人注定是平凡的，哪怕老天多么的不公平。出身富贵或出身贫苦，这一切都不能阻止一个人的发展。三分天注定，七分靠打拼，一个有恒心的人是不会轻易被困难吓到的。

(4) 计划确实。即使是不太扎实、不够实际的计划，都能鼓励人坚韧

不拔。

(5) 正确的知识。知道自己的明智计划是有经验或以观察为根据，可以鼓励人坚定不移；不知情而光是猜想，则易摧毁恒心。

(6) 合作。和他人和谐互助、彼此了解、声息相通，容易助长恒心。

(7) 意志力。集中心思，拟构确切目标，可以带给人恒心。

(8) 习惯。恒心是习惯的直接产物。人们会吸引滋长心智的日常经验，并且化身为其中的一分子。可以制定一个强迫自己采取行动的方法，来对抗最大的敌人。

培养恒心成为习惯，有四个简易的步骤。这些步骤个需用到大量的智慧，也不必用到教育的背景，只要用一点点时间，或下一点点的功夫。必要步骤有：

①以连贯行动执行确切的计划。

②把持住不为负面丧气影响牵动的心，包括了亲友故旧的负面暗示。

③和一名以上鼓励自己执行计划追随目标的人建立友好的盟谊关系。

④由灼烧的热切渴望，支持自己实现确切的目标。

在顺道街，知道陈超的人不多，但听说过“老师傅”的人不少。

老师傅并不老，36岁的他因做生意带出很多徒弟而得此美称。如今已是开泰、金牛和爱康三家名牌水管汉口地区总代理的他，稳坐顺道街装饰行业的老大。你也许很难想象，他以前只是个在路边“卖烧饼油条的”。

陈超出生在汉川农村，家境贫寒。五岁那年，他馋人家有馍吃，和妈妈使倔，硬是不肯再吃荞麦糊红薯粥，在床上躺了三天。奶奶被吓住了，去找邻家要了三个馍，这三个馍救了陈超的命，也让小小的他知道了贫穷的厉害。

因为家里穷，陈超读到初一，就把读书的机会让给了弟弟妹妹，14岁那年，他开始去外村当学徒炸油条。当地炸油条风行，远近至少有六十余户都在做这事儿。学徒加帮工干了两年后，一个看上去更好的机会来了。

陈超解下围裙，进当地一家麻纺厂当起了工人。1987年，18岁的陈超就当上了车间主任。也就在那时，陈超认识了后来成为他妻子的女孩徐珍。

那时“万元户”刚刚冲击人们的耳膜。这个诱惑了一大批人的名词也诱惑着陈超，他掐指一算，每个月200元的工资，成万元户要等到猴年马月?

陈新超再次潜入商海，独闯武汉。刚开始，他只是给人家做帮工。但这个帮工很有心眼，他边帮人家炸油条，边眼观六路、耳听八方，梦想着有天能自己单干。

两年后,他终于用东借西凑来的400元钱实现了夙愿。生意并不那么顺，他和母亲两人忙了一年，收获却不多。

结婚后，为了抢在零售生意来之前把批发油条做好，陈超每天和妻子必须在凌晨一两点钟起床。有了女儿后也不例外，大雪纷飞的深冬，徐珍心疼地把孩子从热乎乎的被子里抱出来，再用小被子包好放进小推车里，一家三口迎着风雪出发。女儿一哭，徐珍就得手脚并用，手在拣油条，脚在推小车哄孩子。

付出终于有了回报。炸油条兼卖烧饼，陈超一个月的收入就有2000余元，相当于一个机关职员的10倍。

1995年，炸了5年油条的陈新超攒下了8万元钱的本钱。陈超又向朋友借来了2万元钱,凑足10万元钱的他满怀信心地转行到郑州做服装生意。结果“路子不对”，不到两年的时间，10万元本钱渐渐缩水至3万元，还给朋友2万元后，陈超几乎又回到了零起点。

做了多年生意，钱没赚到，但“赚”到了一些朋友。没事的时候，陈超常去朋友们那里坐坐。一个朋友在顺道街做装饰材料生意，陈超在他店里坐了半个小时，发现这巴掌大点店生意却很好，他琢磨着自己开家这样的店。

开始4个月里，陈超做生意很奇特，顾客上门找他买材料，他要妻子先稳住客人，自己忙去别人的店里进货，进价和卖价是一个价。时间一长，陈超和周围的同行都混熟了，他的朴实和吃苦耐劳的精神也渐渐被这个群体所接受,“零差价”做了几个月后，陈超渐渐摸清了各种材料的进货渠道。

竞争激烈了，陈超又想新招。从以前的小东门、顺道街和汉西三大装饰材料市场，到如今多如牛毛的竞争对手，陈新超又把眼光瞄准了房产行业，目前他已和朋友合资成立了“鹏飞”房产公司。

“未来是什么样子，谁也说不清，但有恒心就会真正的心想事成！”陈超说。

有恒心就会真正的心想事成！陈超正是用恒心带来了自己的事业成功。

如果有愚公移山的心，困难将会变得渺小。人生必须有挑战一切的决心，恒心在，那无尽的风雨，遮住的就只是你的双眼，你的脚步不会停止，你的锐气也不会磨灭。

创业精神的核心是必胜的信念、责任和奉献

创业精神首先是一种必胜的信念，这种信念可以毫无根据，只要创业者坚信。

马云曾经被人称为“骗子”,但他仍旧喋喋不休地和别人诉说他的理想。现在阿里巴巴已经成为全世界商人贸易的一个重要阵地，淘宝网的销售额已经超过千亿元，并且成为中国年轻人最喜欢购物的场所之一。在获得成功前的那么多年里，马云一直坚信自己一定能获得成功，这种必胜的信念是他创业精神最核心的部分。

伟大的创业者也不是完全为了实现个人的财富梦想而创业的，而是为了帮助普通人实现自己的梦想的责任而努力的人，创业精神中也包括创业者必须承担社会的责任并且拥有一种甘于奉献的精神。

自私的创业者并不是真正的创业精神拥有者，很多伟大的创业者同时也是非常有社会责任感和甘于奉献的人。格兰仕的总裁希望全世界人民能用最低的价格享受到使用微波炉的方便；比尔·盖茨创业的初衷是让每一个普通家庭都用上互联网。一个人创业做的事业，应该把实现社会价值和赚取阳光财富结合起来，创业家应该是一个有社会责任感的人。

曾被派驻非洲的医生及传教士阿尔伯特·施惠泽说：“人生的目的是服

务别人，是表现出助人的激情与意愿。”他意识到，一个心态积极者所能做的最大贡献是给予别人。

许多亿万富翁在赚取财富后，将财富回馈给更多的弱势群体，去资助希望工程，帮助汶川玉树地震灾区重建家园，帮助那些处在贫困线上的人们解决医疗问题。中国总体的经济总量虽然得到了发展，但在人均收入等方面还处在中等水平，中国的社会保障体系和医疗体系的建立还有很长的路要走，这些都需要有责任感的企业家的参与。

在创业精神当中，每个创业者都应该把承担社会责任、帮助弱势群体、用赚取的财富来回报社会作为创业精神中的一种。

爱亲人、爱朋友是小爱，有小爱的人有的是家庭的责任和小范围的社会责任；爱他人、爱弱势人群，并在自己能力所及的范围内去帮助别人是大爱。

两岁时，言经海就永失父爱，靠妈妈将几兄妹拉扯大，家里贫困，面对这一切，言经海知道自己必须承担起支撑这个家庭的重任。

那年，仅15岁的言经海便和同村的朋友到广东打工，谁知差点被人贩子卖掉。当时她身无分文，幸好朋友的父亲在交通局工作，把她从广东接回了天等。言经海一边在天等的餐厅里当服务员，一边多学手艺，立志要自己当老板。

敢梦想，肯努力，就一定能做成事。

1997年，言经海作出决定，去深圳找店面开米粉店。几经周折，终于在深圳福田区开了第一家自己的米粉店，为了省钱，从原材料选购到装修，餐具炉具准备等，言经海都亲力亲为。生意出乎意料的好，每天她只能睡上两个钟头，虽然很累，但感觉日子很充实，也有奔头。到2002年，言经海的生意完全步入正轨，在深圳开了4家米粉店。

有了经验，言经海决定到北京寻找商机。2004年，她来到了北京。“记得刚到北京的时候，没有亲戚朋友，人生地不熟，无依无靠，我们说普通话人家听不懂，别人说得快，我们也听不懂，真是做什么事都很艰难，更不用说做生意了。那时候我们也很自卑，因为我们天等是一个穷地方，别人问我们是哪里人，我们都不好意思说自己是天等人，都说是南宁人。”言经海笑着对记者说。

言经海和员工起早摸黑，常常是晚上12点多关门，然后打扫卫生，准备第二天的东西，要忙到一两点钟才能睡觉，第二天一早又起床了。言经海自豪地说：“我们天等人现在在北京开了400多家桂林米粉店，从业人员有4000多人。我自己刚到北京时，身上只有7万块钱，交完房租、装修完后，钱也用得差不多了。没有钱请人手，我和爱人就在店里帮忙，既下厨，又做服务员。现在，我开了6家分店，有100名员工在岗。我要在北京继续把分店开下去。”

远在北京的言经海，想念家乡，关心家乡。她说：“我在外面开店都带着天等老乡、亲戚朋友，我的100多名员工绝大多数都是天等老乡和亲戚朋友。我连续几年的春节在天等老家出资举办篮球赛、组织文艺演出，丰富乡亲们的文化生活。我们在北京一定会更加努力创业，把桂林米粉店经营好，带动更多的乡亲出来创业！我们有机会也会带着资金、技术和人员回家乡投资创业。”

大爱的力量是无穷的，当你从内心中感受到自己对社会的责任并且践行自己的责任时，那么你一定能取得更加伟大的成就。

董伟是从农业科技学院毕业的。上学前，他就在琢磨要把家乡建设好，要让乡亲富起来。

在学校期间，他就针对家乡农业基础薄弱的现状进行了调研。返乡后，在专家和老师的建议和扶持下，他决定以发展生态农业为突破口，大力发展品牌农业。

反乡当年，他投资10万元，和农民签订单种植8公顷绿色无公害谷子，

他负责技术指导和产品回收。同时，又投资2.5万元，先后购置了产品包装箱和产品封口机，实行精品销售。2009年秋天，这8公顷绿色无公害产品实现产值23万元。

2010年年初，董伟的合作社会员已达到103人，他与周边乡镇农户又签订了30公顷谷子种植合同。同时，又投资25万元，新购置了小米筛选机和抛光机。董伟说，他力争在3年内树一个享誉东北三省的小米品牌，带动更多农民走上致富路。

赠人玫瑰，手留余香，董晓伟不仅带动了更多的农民走上了致富路，也使自己的事业之路越走越宽。懂得奉献是一个成功者必备的素质。

一个人只想自己发财致富，只想着自己去享受生活，这样的人，只能成就一般的事业，只有志向远大，把自己的事业追求与社会及他人的幸福结合在一起，才能创造伟业。

有必胜的信念，有责任，有奉献的精神，这是一个创业者必需的品质，具备这些品质，才能在创业路上一展宏图。

保持成功的心态

你是对的，则世界就是对的。

成功人士与失败人士的差别在于成功人士有积极的心态，而失败人士则习惯于用消极的心态去面对人生，他们是消极的心态。

运用积极心态支配自己人生的人，拥有积极奋发、进取、乐观的心态，他们能乐观向上地正确处理人生遇到的各种困难、矛盾和问题。运用消极心态支配自己人生的人，心态悲观、消极、颓废，不积极也不敢去解决人生所面对的各种问题、矛盾和困难。

有些人总说，他们现在的境况是别人造成的，环境决定了他们的人生位置。但是，我们的境况不是周围环境造成的。说到底，如何看待人生，是由我们自己决定的。纳粹德国某集中营的一位幸存者维克托·弗兰克尔说过：“在任何特定的环境中，人们还有一种最后的自由，就是选择自己的态度。”

拿破仑·希尔告诉我们，我们的心态在很大程度上决定了我们人生的成败：①我们怎样对待生活，生活就怎样对待我们；②我们怎样对待别人，别人就怎样对待我们；③我们在一项任务刚开始时的心态就决定了最后将有多大的成功，这比任何其他因素都重要；④人们在任何重要组织中地位

越高，就越能找到最佳的心态。

如果你不满意自己的环境，想力求改变，那首先应该改变自己。如果你是对的，则你的世界也是对的。假如你有积极的心态，你四周所有的问题就会迎刃而解。

拿破仑·希尔说，有些人似乎天生就会运用积极心态，使之成为成功的原动力，而另一些人则必须学习才会使用这种动力，并且每个人都是能够学会发展积极心态的。

如何发展积极的心态呢？

（1）言行举止像你希望成为的人。许多人总是等到自己有了一种积极的感受之后才去付诸行动，这远不如“先干起来再说”。你的行动如果趋于你所希望成为的人，便是向积极心态迈进了一大步。如果一个人从一种消极的心态开始，等待着感觉把自己带向行动，那他就永远也成不了他想做的积极心态者。获得一个良好的心理状态，寻求心理上的平衡，很重要的一点就是要始终保持一个成功者的心态，设定自己是个成功的人物，这样，你就会发挥极大的热情和自信去面对前进道路上遇到的种种艰难险阻。

（2）要心怀必胜、积极的想法。美国的亿万富翁、工业家卡耐基说过：“一个对自己的内心有完全支配能力的人，对他自己有权获得的任何其他东西也会有支配能力。”当我们开始运用积极的心态并把自己看成是成功者时，我们就已经开始成功了。

（3）用美好的感觉、信心与目标去影响别人。随着你的行动与心态日渐积极，你就会信心日增，人生中的目标感也越来越强烈。紧接着，别人会被你吸引，因为人们总是喜欢跟积极乐观者在一起。你可以运用别人的这种积极响应来发展积极的关系，同时帮助别人获得这种积极态度。

（4）使你遇到的每一个人都感到自己重要、被需要。使别人感到自己重要的另一个好处，就是反过来会使你自己感到重要。如果你做了一件自己十分满意的事，你不妨告诉自己，今天我干得真不错。这样，你就自己

褒奖了自己，使自己拥有一种满足感，从而充满自信，更加坚定地去面对和迎接一切新的挑战。

“狂，一种是无知的狂妄，另一种是自信洋溢的狂，而马云显然深得后者的精髓且狂得底蕴十足。互联网行业中一个人在一个网站成功不足为奇，有谁能像马云那样既在阿里巴巴成功，又同时能把后起之秀淘宝网带到业内数一数二地位呢？”一位互联网资深人士对马云推崇备至。

1995 年，互联网刚刚进入中国，马云从美国背回来一台 386 的计算机，召集自己的朋友正式宣布：“从明天开始，我要开始做自己的企业了，它的名字叫 Internet。”屋子里所有的人都云里雾里，没人听懂。

这是马云和互联网的首次接触。此时马云的“中国黄页”只能借助美国的服务器，建立很简单，并不具有美感的网页。据说，那个网页运行速度非常慢，现在用 3 秒钟就可以下载完的东西，那时需要 3 个半小时。

1996 年，中国黄页风声未起时，马云对邻居一个老奶奶说：“grandma，我马云是世界第一男人！你要好好活，活到 90 岁，到时候我接你浩浩荡荡进白宫！”

1999 年阿里巴巴创业。这一年，网络世界近乎疯狂，五花八门的网站迅速起来，然后倒闭，明星互联网公司一夜暴富，美国雅虎上市，亚马逊上市……那时阿里巴巴蜷缩在杭州西湖边的民居里，用十几个人凑齐的 50 万元为启动资金艰难办公。

办公室地上满是床单铺盖，室内喧闹杂乱。马云手指远方说：“我们要做一个 80 年的公司！我们要做到全世界互联网前十名！”一桌之隔的年轻人，坐成一圈，抬头看着手臂挥舞的马云，眼神迷茫而空洞：“不知道马云要干什么。”

马云声嘶力竭地吼着：“有什么可怕的，我们十几个人拿着大刀，往前冲，有什么好慌，是不是？啊！冲啊！冲！”

美国《时代周刊》曾评价：这里不仅是一个人在疯，有一百个人在疯。

1999 年马云说：阿里巴巴要把全世界的商人都联合起来。而当时，他自己还不是一个成功的商人。

马云的疯狂让很多人不可思议。2004 年，马云成立淘宝网，当时 C2C 市场已经被美国的 ebay 占据 80%。剩余的 20% 被一个叫邵亦波的美国哈佛大学毕业的高材生捡走。

“Jack，你疯了吗？ ebay 是一个可怕的巨人！”时任阿里巴巴 CTO 的吴炯反击马云。马云却笑笑：“好好玩，搞下去，搞大！”

这些挑战都无法影响马云的情绪。他还是一边重复“打着望远镜都找不到对手”，一边举起两只手，圈成圈，放在眼前，并露出孩童似的自得。

现在阿里巴巴集团下有阿里巴巴、阿里云、淘宝、支付宝四家子公司。在十周年庆的时候，马云在全体员工大会上承诺三个目标：第一，未来十年我们要为一千万家小企业解决一个生存、成长、发展的平台；第二，我们要为全世界提供一亿个就业机会；第三，我们为十亿人打造网上消费平台。

正是这种成功的心态，让马云保持激情，横行互联网。纵观国内外，大凡卓有成效的创业者，无一不是在波涛汹涌的商海中，几经沉浮，但他们从不气馁、永不言败。具有这种顽强的自信心，才能应付各种挑战，克服重重困难，成就一番事业。

威尔逊有句名言：要有自信，然后全力以赴——假如具有这种观念，任何事十之八九都能功。有时候，我们可以有意识地造一种“自我就感”，从而逐渐在心理形一种能抑制自卑绪产生的良循环机制。

人有时候是十分软弱的，一件事情还没做，便去考虑失败后的结果，这样必然会在精神上增加不必要的负担，导致内在潜能得不到充分的调动、发挥，从而在困难面前畏首畏尾，甚至造成自我封闭、压抑，最后导致心理失衡。

要避免与摆脱这种失衡，你就必须时时表现出强者的风范，敢于面对

困难与挫折，并始终怀着必胜的信念去克服、战胜困难，坚定不移地朝着成功的目标迈进。因而有意识地培养自己的“强者”意识，这是度过心理危机的良方。

虽然你还未成功，但是保持成功者的心态，相信这种自我造就的心理成就感会促使你朝着成功的目标迈进。

敢于迎接和承担创业的各种艰辛和压力

有时，顺境是一种麻醉剂和腐蚀剂，让你完成从呼啸山林的兽中之王到懒猫的变化，让你经历从将军到囚徒的蜕变。

然而，置身绝境，你必然会饱受痛苦的煎熬，忍受非人的折磨。它迫使你不得不躲在一个偏僻的角落，反观自身的内心和灵魂，扫清思想上的障碍，触摸心灵中最脆弱的一部分，对生命进行深层的、近乎本质的思考，正视这突如其来的人生绝境，把它当做一块磨炼人的砺石，锤炼自己，激发生命活力。

所以，成功和逆境也是成比例的。不经历风雨，怎能见彩虹？

创业很艰辛，每个成功人的背后都有很多的艰辛，这句话说的很对。事业越大承受的艰辛越多，压力也就越大，这是成正比的。

做汽车行业，创业两年，朱林感慨万千，甘苦自知，有大喜，亦有大悲。高兴的是，事业步步登高；悲哀的是，压力天天扰人。最大的压力是资金匮乏，代理产品需垫付巨款，否则上游供货商凭什么相信你？进货要先款后货，铺货却只能先货后款，否则下游经销商凭什么替你卖？双重风险集于一身，一般心理脆弱者是很难承受这种压力的。

其次的压力是人才流失，刚培养出一名业务骨干，正当他与一大客户谈判成功临签单之时，却被那大客户用高薪诱走，不但业务丢掉，供货渠道、销售网络也一并流失，成为与竞争对手的共享资源。培养新手，又要待以时日，增大成本，想来令人心痛。

困难还有很多，但既然选定了创业，就不要怕险阻。中国的汽车产业正日新月异，商机会比其它产业多得多。看到这宽广的前景，朱林义无反顾。

不可否认，这是一个创业的时代。许多人走上了创业之路，又有许多人在困难面前逐渐选择了放弃。有的人说：我没钱，等攒两年钱后再创业吧。有的人说：我没经验，等干两年积攒点经验再说吧。就这样，有些人这一等就是几十年，最后什么也没有干。有的人说：明天我要挣10万，后天我要挣100万，但是他什么也不干。有的人一开始想得特别好，后来又想想，就觉得我这不行那不行，最后还是放弃了。但事业就是干出来的，不是想出来，创业最忌“晚上想好千条路，早上起来走原路”，这也是好多人失败的原因。所以，想创业成功要有一个好的想法，更重要的是，放手去干，并能够承受创业可能带来的挫败感。

如果你是对的，则你的世界也是对的。敢于承担创业的压力和艰辛，你就能自己褒奖自己，使自己拥有一种满足感，从而充满自信，更加坚定地去面对和迎接一切新的挑战。

李昆家住壁山县青镇，18岁那年他正在来凤中学读高中，准备实现大学梦时，却传来噩耗——父亲因病去世。父亲去世后留下了一笔债务，当时经常有人到家里要债，甚至还有人为追债尾随他上下学，他不得不辍学创业来维持生计。

听说学厨师赚钱比较快，于是李昆学习完厨艺后，利用家里底楼的三个门面，开起了饭馆，做当地流行的来凤鱼。没有创业经验的赵李昆很快就遇到了麻烦：虽然店铺位于车流量较大的青镇白云大道，但由于类似的

饭馆太多，其中不少饭馆都是已经开张十多年的“老字号”，他的店根本没有多大的生意。半年后，李昆的第一次创业以餐馆的关张而结束。

李昆随后开始到全国各地做创业尝试。他了解到做夜啤酒生意利润最多可达50%，并且投入少风险小，不需要门面，于是他利用夏天的三个月时间，到石柱新县城开了家夜宵摊。夏天结束后，夜宵市场高峰也结束了，李昆利用赚到的钱，先后到河南、新疆等地做手机、皮毛的物流生意。在新疆一张价值500元的皮毛，卖到璧山的深加工厂商时价格可达1000多元，他因此赚了5万多元。就在生意做得顺风顺水时，李昆委托的一位中间商却在接到买家货款后卷钱逃走，李昆为此损失了两万多元，相当于他两年的积蓄，他一度心灰意冷。

在璧山，有不少为各地制造企业提供服务的机械加工厂，李昆调查发现，它们效益普遍不错，而且流程技术并不复杂。于是他向亲戚朋友借款6万元买下两台车床，并拿出了自己的所有积蓄请了4名工人，运转起了自己的毛坯加工线。虽然他从未接触过制造业，但工艺并不难，他跟着工厂里一位经验丰富的老工人边看边学，逐渐熟悉了全部的流程。

由于资金不充足，工厂里没请多少人，检验产品、清货、送货都得靠他一个人做，工人下班后他经常在生产车间里忙到凌晨4点多才能睡觉，而第二天8点多钟，他又要租辆三轮车将货送到买家手中。付出总有回报，第一月他就赚了1万元。很快，厂里的车床数量也从2台变成现在的9台，但李昆觉得为生产厂加工机械产品很大程度上会受制于人，不如做成品更踏实。在一位投资伙伴帮助下，2009年他将对方投资的70万元全部投入到购买齿轮生产设备，开始介入齿轮生产。

产品最愁没有销路，生产线建起来，李昆的烦恼却增加了。李昆考察发现，西南地区的齿轮性价比北方地区要高，对北方的厂家可能会有吸引力，于是他决定针为北方地区销量不小的“金杯”牌汽车制造定向产品，以做到和本地企业的差异化。制造出样品后，李昆花5000块钱参加了郑州汽配会，但参观客商很多都是邀请的老顾客，他的展台几乎无人问津。李

昆于是跑到其他公司的展位旁等待客户。一位西装笔挺的参观者走到该公司展位前，他马上与其攀谈起来，并将其引到了自己的展台前看样品，最后竟签下了10万元的订单。”拿到第一份成品订单和30%的订金，李昆称当时的感觉像做梦一样。

目前，李昆的企业年产值达到500万、固定资产达250万元。他现在正在网络课堂上学习企业销售管理课程，并开始涉足电子商务。

李昆承担起了创业的艰辛和压力，事业蒸蒸日上。

创业不是件容易的事情，创业征途也不是一帆风顺的，荆棘遍布，充满了不得已，我们要达到目标，必须承担这些艰辛。只有敢于承担，才能有勇气一直向前！

每时每刻都要全力以赴

威尔逊的有句名言：要有自信，然后全力以赴——假如具有这种观念，任何事情十之八九都能成功。

福建是一个多山的省份，在位于闽西北的光泽县，在路边的山头上，一个个国际标准的鸡舍，坐落其中。20多个山头，60个养鸡场，这就是傅光明的“鸡业王国”。

在圣农的车间里，如果你看到一个穿着蓝色消毒服的胖胖身影，那一定就是他。对于自己车间里的每台机器，傅光明都如数家珍。什么性能、如何操作，看起来，他倒更像一个机械工程师。“不讲科学，就要失败”，这是他常挂在嘴边的话。光泽县是农村人口占77%的小地方。谁也没有想到，这里会出现一个蜚声海内外的“中国鸡王”。“2010年福布斯全球富豪榜”公布后，傅光明又以10亿美元的资产上榜，排名第937位。

1966年，12岁的傅光明小学毕业刚进入初中，就赶上了10年“文革”，这几乎剥夺了他读书的机会。而后，他做过裁缝、当过兵，吃了很多苦。年轻时的经历磨砺了他的性格，也让他下定了要改变命运的决心。

1983年，傅光明29岁，在光泽县人民武装部任职。就在这一年，他

偶然间看到一则新闻说，美国在 50 多天内用 1.5 公斤饲料就可以养出 500 克重的肉鸡，傅光明琢磨：“鸡肉的市场应该很大，这笔买卖应该能赚钱。”说干就干，傅光明从一个湖南人手里买了 600 枚种鸡蛋，可最后，这 600 枚鸡蛋仅孵出 1 只小鸡，还是只公鸡。第一次尝试就这样失败了。

傅光明没有气馁，继续他的“鸡生蛋、蛋生鸡，如此无穷尽”的生财梦。他东拼西凑借来了一笔钱到上海又买了 600 枚种鸡蛋。吃一堑长一智，这次他迷上了孵鸡养鸡的书籍，一钻到书堆里就废寝忘食。由于资金紧张，傅光明只能拿着家里的体温计不时测量鸡蛋孵化的温度。就这样，终于让他收获了 300 只破壳而出的小鸡。慢慢地，300 只变成了 1000 只，1000 只变成了 1 万只……傅光明的鸡场渐渐红火了起来。

在麦当劳和肯德基的国内供应商中，圣农目前排名前三。肯德基在福建福州市的东街口开分店时，原计划前往江西考察肉鸡供应基地，但听说圣农有了国内最先进的生产线，半道转向光泽。

在对圣农进行了一系列的技术标准检测后，肯德基与傅光明签下了长达 10 年的合作协议。2009 年 7 月肯德基又与圣农签署了连续 3 年的合作协议。如今，肯德基在中国南方城市卖的鸡块中，每 4 块就有一块是圣农的。

2009 年 10 月 21 日，圣农集团正式在深圳证券交易所中小板上市，当日发行价格为 19.75 元 / 股，截至 2010 年 3 月 19 日，其收盘价达到 28.75 元 / 股。如此算来，傅光明一家三口的股份市值，合计近 70 亿元人民币。傅光明说，圣农今年的养殖量将达到 1 亿只，2011 年进一步增至 1.2 亿只。

如今，傅光明对鸡的“热爱”已经达到了顶峰。在众多行业中，傅光明所从事的肉鸡养殖行业，和高科技、垄断暴利完全沾不上边，这着实是一个不受外界关注的领域。不过，这个勤劳、务实的闽北商人，27 年来只专注于一件事，就是如何把鸡养好。最终，他成为了国内这个行业的领军人。这再次验证了那句老话——“全力以赴，专心做好一件事，它自然会给你回报”。

努力一阵子的人他们也许得到了九分的积累，在即将握拥显性收获的时候放弃了，前功尽弃，殊为可惜。傅光明的故事告诉我们：追求成功就要信仰成功，信仰成功才会每时每刻都全力以赴，而不是偶尔全力以赴，成功与失败只差这么一点。

懂得如何获得机会的人，深知应该在每一时每一刻都全力以赴把握住可能到来的机会。当你把握住每一个可能的时候，可能就成了必然。很多人抱怨老天的不公，尤其是在面对失败的经历时，看一看老天最公平的待遇吧：每个人的一天都是 24 小时，然而就在这同样的 24 小时中，有的人成为了成功者，有的人却是失败者。区别何在？区别就在于，前者总是将这 24 小时尽可能用得更多，而后者却总是用得更少。

世界著名博士贝尔说过这么一段至理名言：想着成功，看看成功，心中便有一股力量催促你迈向期望的目标，当水到渠成的时候，你就可以支配环境了。

假如能反复想着成功，你自然会全力以赴，直到成功为止。能量加毅力可以征服一切，成功是每时每刻全力以赴的结果。

成功人士对生活的体悟是：一分耕耘，一分积累，零分收获；五分耕耘，五分积累，零分收获；九分耕耘，九分积累，还是零分收获。只有当你付出十分耕耘，得到十分积累之后，你才能拥有百倍的回报！

有所为有所不为

一个人做事要讲原则。有些事情要努力去做，有些事情不能去做。做与不做，看符不符合你的处事原则。

人生每走到一个关口，都应放下心来想，人生在世本来就有得有失，得与失犹如人生的两个支撑点：一个在空中悬挂，另一个在地下徘徊。得与失就像走路，在人生中无数的得与失交替中前进；得与失绘成一个坐标，那是人生曲线，标志着奋斗，更标志着品位。

每个人所走的路不同，得失也千差万别，但有一条却是共同的：那就是不管是感情、金钱，一定要做到——拿要拿得起，失要失得起。一个人面对得失时，应当泰然自若。得志时须心谦身平，不狂妄，不做得意忘形的蠢事，要知道，人生不仅有得意的时候，还会有失意的时候。即使自己的成功不是靠机遇，而是靠自己奋斗所得，但要想到天外有天，山外有山，更不可骄傲。

失之坦然，得之淡然，争其必然，顺其自然。人是世界的匆匆过客，在这个看似短暂的人生之旅中，我们应该保持良好的心境，不要让自己背上沉重的思想包袱。不曾得到的东西未必是最好的，得到的东西，也未必是自己真正所需的。不然，得失带来的就是一种思想的负担。思想负担过重，

人生会感到劳累和烦躁。要去掉这些累赘，就要有一种宽阔的心态，不管遇到什么事情，都能泰然处之。

有这样一则寓言：场院上，一头毛驴要吃草。毛驴左右两边各放着一堆青草，岂料，毛驴犯了难，是先吃这一堆，还是先吃那一堆呢？最终毛驴在犹豫不决中饿死了。

《聊斋志异》中有一则故事耐人寻味：两个牧童进深山，入狼窝，发现两只小狼崽。他俩各抱一只，分别爬上大树，两树相距数十步。片刻后，老狼来寻子。一个牧童在树上掐小狼耳朵，弄得小狼嗷叫连天，老狼闻声奔来，气急败坏地在树下乱抓乱咬。此时，另一棵树上的牧童拧小狼的腿，这只小狼也连声嗷叫，老狼又闻声赶去……这样，老狼不停地奔波于两树之间，终于累得气绝身亡。

驴饿死，狼累死，他们的共同原因就是——不会选择。一个人一生都要在选择中度过，取舍之间犹豫不定。有人这样说：品味人生，最大的快乐莫过于作出选择，最大的痛苦也莫过于作出选择，所以，每个人都应该学会选择。

如何面对得与失，这是千百年来，许多人苦苦思索的。要做到两全其美往往是很难的事情，要选择的先决条件就是要抓住重点，学会放弃。其实，人最犯难的并不是选择，而是不知怎样选择才好，不放弃就意味着不选择！放弃有时候是十分困难的，甚至是十分痛苦的。适时地放弃，不仅需要勇气和胆识，更需要远见和智慧。人生之树，只有舍弃空想与浮华，才能撷取丰硕甜美的果实。

“有所为，有所不为”的关键是要“有所为”。而要“有所为”首先要弄清楚“为”的是什么，也就是你奋斗目标是什么。只有弄清了自己的使命和目标，才会“有所不为”，避开诱惑，跨过这些诱惑的障碍。

最难的是“有所不为”。“有所不为”意味着放弃，而放弃往往是一

件非常痛苦的事情。因为放弃意味着要失去一些即将获得的利益。而这些在人眼中往往是趋之若骛的东西，怎能舍得弃之不要呢？因此，“有所为，有所不为”要求我们权衡轻重、利害、得失，作出正确的选择。“将军赶路，不追小兔”，就是说将军奔赴战场，是为了参加一场重要战争，路上遇到了一只兔，想要抓住兔子，结果却输掉一场战争，这是很不理智的选择。

有些创业者非常敬业，工作非常勤奋，事必躬亲。公司里大大小小的事，都要亲自过问。哪怕手下有再多的能人义士辅佐，他也放心不下，一个人整天忙得团团转，身体累垮了，企业还是不断出问题。究其原因还是因为没有懂得要“有所不为”。懂得取舍，有时候贪大求全并不好。

有所为有所不为，必定会遇到不少的挫折和巨大的困难。面对这些挫折和困难逃避不是办法，埋怨也无济于事，只有勇敢地面对，迎接挑战才是唯一的正确选择。在挫折中，发现自己和企业的缺点及不足，完善并提高自己的能力水平。尤其是面对诱惑的时候，一定要把自己的精力放在最核心的事务上，学会专注，抗拒这些美丽的诱惑，而不应该把心分散到这些小事上。“不为”是为了可以更好的全力而“为”。

成功不只是要善于抓住机会，而且还要懂得放弃机会的诱惑。很多人失败不是因为没有机会，而是因为机会太多，不知道改抓住哪一个。只有那些敢于向这些诱惑说不，善于放弃某些“机会”的人，最终才会取得更大的成功。

勇于放弃

一对母子去菜园栽西红柿苗。孩子来到前一年种过西红柿的那垄地前，正蹲下身子准备移栽时，母亲却制止说："今年可不能再种在这块地里了，咱们得换个地方。"然后她走到菜园西北角，说："今年就让西红柿在这儿落户吧。"孩子很不理解，问道："去年种过西红柿的那块地里用树枝搭的架子还在，今年接着种就不用再搭架子了，岂不是更方便吗？"母亲笑了笑说："西红柿如果连续种在同一块地里，就会生长不好，容易发生虫害，产量将大减，所以得一年挪一个地方。其实不仅仅是西红柿，还有花生、西瓜等其他作物也是这样。"

要取得西红柿的丰收，就要舍弃原来那块已不再适宜的土壤。我们要想摘取人生的硕果，创造生命的价值，也得学会审时度势，随时给自己换一个最适合发展的空间，而绝不可固守在同一块地里，吊死在同一棵树上。

被誉为"中国光纤之父"的中国工程院院士赵梓森，早在青年时代，就曾经三换大学。他最初考取的是浙江大学农业化学系，读了近一年，觉

得没兴趣，就主动辍学。第二年再考，被复旦大学生物系录取。他还是不喜欢，就说服家人，硬是掏钱上了一所差学校——私立大同大学电信系。

如果赵梓森当年不去果断地挪“地”换“窝”，很可能今天就不会有这么辉煌的成就，“光纤之父”的美誉也不会落到他的头上。

今年40岁的杨智是榕江人，1998年，为了偿还做生意欠下的债务，杨智远赴深圳开始了打工生涯。两年后，他又到了温州，在这里，他从一名普工做起，最终当上了集团副总，年薪达20万元。

“虽然我只是初中毕业，但在外面这些年，管理、英语等各方面知识我都学了，自封是大学本科毕业生。”打了多年工，最大的收获是学到了知识，开阔了视野，积累了人脉。事业达到一定的高度后，杨智却开始想家了,也时刻关注着家乡的变化。于是,杨智放弃了奋斗多年得到的“高管”身份，返乡寻觅发展机遇。

位于月亮山腹地的计划乡，离县城有近两个小时的车程，是榕江最边远的乡镇之一。这里出产的香猪，是我国珍贵的微型地方猪种，仅产于月亮山地区，计划乡几乎家家户户都有养殖，却因为地处偏远都是农民自养自销。“计划乡的香猪都来自月亮山区，品种纯正无污染，香猪肉质鲜嫩，营养价值高，市场前景非常好。”看好香猪市场的杨智，把自己返乡创业的主要重心放在了发展香猪养殖上。

2009年3月，月亮山香猪养殖基地在计划乡正式破土动工，这是榕江县目前唯一的、规模最大的原生态香猪养殖基地。“选种、喂料、打针现在都难不倒我。”曾经的都市白领，如今已成为地地道道的香猪养殖行家。

创办中国香猪网站、建立榕江县月亮山香猪专业合作社、成立香猪保护协会，在杨智心里，他创业的目标不仅仅是让自己能赚钱，更重要的是带动当地老百姓一起致富，将月亮山香猪这一珍稀品种更好地保护发展下去。短短一年多的时间，杨智在当地发展香猪养殖会员1000多人，涉及全

乡14个村，外销香猪种猪200多头，商品猪600多头，种猪价格每公斤在40元以上，商品猪也达到20多元1公斤，销售范围覆盖湖南、成都、重庆等地。

在杨智的未来规划里，为对接“一高一快”过境榕江，他下一步的营销重点将放在深圳、广州一带，并以此为突破口，向香港进军。“老百姓靠养殖香猪，每年能有1万元的纯收入，是我给自己下的第一个目标。”杨智说。

在事业达到巅峰之际，杨智却返乡在榕江计划乡创建了月亮山香猪养殖基地，从“高管”变身成一名“猪倌”。放弃了高薪的副总职位，得到了更大的成功，不要害怕放弃美好的诱惑。放弃是新的起点，也许它带来的收获比坚持更丰裕。

成功的秘诀是什么？第一是坚持，第二是坚持，第三还是坚持，第四是放弃。

该放弃的时候就要放弃，如果你确实努力努力再努力了，如果还不成功的话，那就不是你努力不够的原因，这恐怕是你的努力方向的问题。这种时候最明智的选择就是赶快放弃，及时调整，寻找新的努力方向，不要在一棵树上吊死。

别把“西红柿”连续种在同一块“地”里，是因为那块“地”已经不能再种好你的“西红柿”。但只要你敢于放弃，善于寻找，总会有块“地”适合你，并最终成就你！

不断地总结，在自我肯定与否定中前进

人在大多数情况下会为自己辩解，为自己的失败找理由，其实理由是理由，事实就是事实。失败了仍不肯否定自己，就失去了为成功找方法的机会。就做事来看，该否定自己时就应该敢于否定。

当我们兴致盎然地谈着自己对事、对人的看法时，我们会认为自己的看法是对的，但是随着时间的流逝，我们发现自己原来的看法好像不对。事还是这件事，人还是那个人，之所以我们的看法会改变，或者说就是否定以前，是因为以我们当时的经验，无法对事、对人有更深的理解，所看无非表象而已。

当我们雄心勃勃的规划一个项目时，我们会找到各种假设成立的方法，会为自己一定要做这件事找各种理由。做买卖的人，在做之前，都会算算看，能收获多大。而现实中往往是人算不如天算，好多我们认为对的事，其实是错的。

正因为有如此心理，很多人把自己的失败归结为客观因素，失败了也还是肯定自己没错，所以就会固执的坚持自己的观点，难以与时俱进，当然也就失去了好多机会。

其实人一生之所以精彩，就是因为人生道路的不确定性，谁也不敢肯

定地说自己这一生一定就会走哪一条路。很多人的很精彩的人生经历，大多被说成偶然，但是我们很清楚，任何成功的偶然其实都是必然。如果我们真能理解到这一层，那我们就会多总结、多检查自己，就能正确认识自己，也有勇气否定自己，我们就会去尝试和选择不同的路。当我们无法确定自己该怎么走时，最切实的就是不放弃尝试的机会，尽管是挑来选去，最终肯定会找到适合自己的。所以心胸宽广些，该肯定就肯定，该否定就否定。

尽管每个人的人生旅途都不一样，但是有比较才有更好的选择。只有选择对，才会走对，结果才对。要做到这点，就得能否定自己，特别是否定自己以前的一些判断标准，真正能让自己从不起眼中去发现机会，很有可能你就会成为被人羡慕的偶然了，从而也成为最好的、最精彩的！

假如你没有自己的目标，你就永远飞不到那里；假如你没有自己的主见，别人就会为你做主；假如你对未来没有计划，你就会成为别人计划里的一枚棋子。人要学会肯定自己，相信自己能行。

一天，兄弟俩在山上打柴，意外地发现了两只老鹰蛋，他俩每人捡了一只，拿回家去放在各自的母鸡窝里，和孵小鸡的鸡蛋放在一起。没几天，两家的老鹰蛋都孵出了幼鹰。两只幼鹰的举止行为都跟鸡一样，都咯咯地叫，有时拍拍翅膀像鸡一样只能飞腾几下子。

有一天，哥哥家的幼鹰抬头仰望天空，看见一只它从来没有见过的老鹰在云中钻进钻出，它问鸡妈妈："那是什么鸟？"鸡妈妈说："那是老鹰，是最勇敢的鸟。"幼鹰羡慕地说："我希望跟它一样也能在天上飞。"鸡妈妈说："别做梦了，我们是鸡，跟它不一样。"幼鹰听了鸡妈妈的话，就放弃了自己的希望。它一直到死都认为自己是只鸡。

弟弟家养的那只幼鹰，渐渐长大了，羽翼也丰满了。主人想把它训练成猎鹰，可是由于它终日和鸡混在一起，已经变得和鸡完全一样，根本没有高飞的愿望了。主人试了各种办法，都毫无效果，最后把它带到山崖顶上，狠着心把它扔了出去。这只鹰像块石头似的直掉下去，慌乱之中拼命地拍

打翅膀，居然飞了起来，从此变成了一只真正的鹰。

两只幼鹰，两种命运，这和人生是一个道理。肯定自己，不要盲从别人。

人的一生中会面临无数次的选择，常常会有这样的情况：你父亲希望你像他一样当个医生；你爷爷希望你能接管他的公司；而你的老师又认为你最适合从事文学创作。他们每个人都无恶意，都出于好心，但是他们谁也不管你想些什么，追求什么，他们只认为他们各自提出的主意是最好的。每当这个时候，你该怎么办？

当然，每个人都需要从他人那里接受忠告、支持和鼓励，但只能将这种接受当做有益于更好地发展自己的途径，而决不能让自己完全依赖别人，因为你能胜任什么事情别人无法知晓，只有你自己最清楚。放弃自己的权利，让别人的意志来决定自己生活的例子实在不少，许多人把自己上学、择业、婚姻……统统托付或者交给他人，失去了自我追求，自我信仰，也失去了自由。

杰出的成功者，都具有一种这样的品质，那就是不管别人说些什么，也不管别人怎么阻挠，都会肯定自己，只要认准了自己的目标，就勇往直前，义无反顾。

马寅初的父亲擅长酿酒，在浙江一带十分有名。父亲见马寅初聪明伶俐，决心让他光大家业。马寅初渐渐长大后，开始不满意父亲对他人生的安排。17岁时，他向父亲提出要求：“我不喜欢做生意，我要去上海念书。”

父亲板着面孔说：“你给我听着，你好好地学做生意，念书的事你别指望。”马寅初毫不示弱，他大着胆子说：“我就要去念书！”父亲十分恼怒，顺手捡起一根马鞭，没头没脑地向儿子抽去。秉性倔强的马寅初，再也无法忍受，奋力推开父亲，向着镇外的江边跑去。他心中只有一个念头：不能到外边去念书，还不如投江。家人把马寅初从水中救了上来。父亲拗不过儿子，只好答应了他的要求。

后来，马寅初成了我国著名的经济学家、教育家。

试想，如果马寅初没有肯定自己，学做生意的话，他就不可能在学术方面有所成就。我们从那些卓越的成功者的经历中会发现：一个人学会由自己去计划自己的人生，这是一条不可忽视的成功之路。他们不少人曾经在事业选择上受过父母、老师等人的非难与劝阻，而这些被制止的事业，恰好是他们后来最终获得极大成功的那个事业。那些把自己托付给他人的人，不如从现在就开始学会由自己决定自己的事情，学会自己安排自己的生活，自己肯定自己，学会由自己去计划自己的人生。

人就是在不断的肯定和否定自己当中、在怀疑当中不断的成长，不断的认识自己，改造自己，从而更加成熟，更加具备成功的素质的。所以，想进步，要不断地肯定和否定自己。

第三章　目标指明创业的方向

“目标就是方向，目标选准了，路途再远也能达到。”这是一句富有哲学道理的话。

有了目标才有行动的方向

不同的人会有不同的特点，这种特点主要就是你的性格、兴趣、特长等。要将目标建立在你的最优性格、最大兴趣、最佳特长上。如果能做到这一点，就能左右逢源，心想事成。

中国人对于目标制定和成果之间的关联有一句最智慧的话：“取乎高，则乎中，取乎中，则乎下！”目标是高一点好，还是低一点好呢？目标的确立要恰到好处。有了远大的目标，能起到激励作用。但目标过高，脱离了实际，就会因好高骛远而招致失败。目标太低，不用努力就能实现，没有挑战，目标也就失去意义。

热衷研究政治、历史，一向对IT及财经“狂讨厌”的高燃，毕业后曾“鬼使神差”地成为一名财经记者。他说财经、IT的东西，“在一些政治家的眼中，都是细枝末节的”，而他目前所从事的事业恰恰代表着IT技术发展的最前沿。

在高燃身上总能看到一些截然对立的东西。他承认自己的与众不同，这缘于“还没上小学就为自己树立的人生目标”。“我觉得自己很多东西与常人不一样，包括目标，所以不一定要跟常人做一样的事情。”

毕业近四年，创业仅三年，已获得海外1000万美元以上的风险投资；在清华科技园拥有900平方米的办公区、100多人的团队，与google、sohu等知名企业毗邻。这一切对一个二十出头的年轻人来说，总觉得有些不真实。然而发生在高燃身上就显得很是顺理成章。“高燃是个有心人。”一些前辈如此评价他。

大学时代高燃就非常活跃，第一年加入的社团就达17个，并创办清华大学国际问题研究协会；获得过清华大学皮划艇冠军、攀岩冠军的称号。组织过多次演讲、论坛；为积累人脉，他经常与一些邀请过的政府官员、专家、企业家保持联系。“大学四年每个节假日别人都出去玩儿了，我都会拿出名片、拿出电话本，给他们打电话，问候他们。也许一次两次他们没有印象，但是时间久了大家就记住我了。”

大学毕业后的记者职业，更为高燃近距离接触企业家提供了机会，当雅虎创始人杨致远出现在公众面前时，多数记者都在想着如何做一篇漂亮的报道，怎样起一个炫目的标题，高燃却在电梯里将一份不是很成熟的商业计划书递给了杨致远。当得知远东集团蒋锡培在吉林长春出席团中央组织的会议时，高燃“不知天高地厚，初生牛犊不怕虎”的劲儿又上来了，随即站了一夜火车，第二天凌晨到了长春，双手递上他的电子商务计划书。远东集团董事会经过激烈的讨论，最终在高燃软硬兼施的策略下，蒋锡培给了高燃100万。蒋锡培拍拍高燃的肩膀说：“我知道这个项目很有风险，但你这个人没有风险。”这句话让高燃终生难忘。而就在投资商资金到位那一天，高燃突然宣布，因电子商务计划的风险性，不做了，改做增值服务，因此他的公司从成立第一天起就没做过电子商务。在经过几个月彩信、博客业务的探索、折腾后，高燃最终找到了适合自身发展的业务——P2P流媒体技术。

冒险、执著、创新、甘于吃苦、勤奋好学，这是每一个创业者必备的素质。正是高燃这种要做到与常人不一样的性格，给自己树立起目标，找准了

方向。

“情趣内衣”这个词语对于男人来讲多半难以启口，但李明这个30岁出头的网站CEO却没有这些忌讳，凭着一股子干劲，把情趣内衣销售到了韩国。

李明第一次接触互联网就创办了无忧网，可一个月也只有1000多元的收入。就在他正在为网站发愁时，一次在网上大学的经历让他找到了方向。网上的情趣内衣卖得相当火，但全国自有品牌的厂家仅4家。凭借着对网络营销的熟悉，他作出了一个大胆决定：创立全国第5个情趣内衣品牌。

2009年3月他在武汉注册了“耶娅”商标，随后将工厂设在汕头，公司设在武汉。对此，李明解释，同一套情趣内衣，在武汉生产比在“内衣之乡”汕头生产贵7元，而公司在武汉，可利用九省通衢的优势，减少运输成本。

当时市面上已有四大品牌，但李明发现，这些品牌不是价格高，就是款式更新慢、布料差。他吸取众家之长，选择质地较好的布料，价格也很适合大众消费。

情趣内衣旧款淘汰很慢，但李还是尝试引进一些最新流行元素，2个月就上一次新款，每次有30套新装。功夫不负有心人，很快公司就收到代购、批发订单，出乎意料的是公司当年就赢利了。一年间，李明发展了300多家代理商，且大量产品出口到韩国。简简单单几套内衣，李明投入了近40万，但回报率相当可观。很快，第一家实体店开业，如今他已有4家加盟店，李明自信地说：“今年要在全国建立100家加盟店”。

李明说，目标对创业来说最重要，无论做什么项目，无论赚多少钱，一定要清晰地记得自己的目标。“我已在30岁时完成了第一个目标。”他伸出食指说，“100万。”同时他坚定地喊出自己40岁的目标是1000万。

三十岁一个100万目标，四十岁一个1000万的目标，正是李明树立了一个个现实的小目标，才促成了大目标的实现。

目标的确立要具体明确。目标就像射击的靶子一样，很清楚地摆在那里。如果目标含糊不清，就起不到目标的作用。有人打算决心干一番事业，具体干什么却不知道，这就等于没有明确的目标。自以为有目标，而没有明确的目标，不仅起不到目标的作用，还可能造成假象。投入了时间、精力，却起不到达到目标的作用，10年过去了还是一事无成。

某著名心理学教授曾经研究过一组树立目标改变自己行为的实验对象，结果发现最成功的是那些目标最具体、明确的人。不要说诸如此类空空洞洞的话："我计划多读一点书"、"我打算多进行一些体育锻炼"等，而应该具体、明确地表示："我打算每天早晨步行30分钟"或"我计划一周中一三五的晚上读一个半小时的书"。阶段目标明确，不仅有助于目标的实现，更能增加对自己的自信。

创业者应该为自己树立正确而明确的创业目标。目标是冲破创业阻力的指针，有目标，就有激情，有动力朝努力的方向迈进。

找到引导你创业的“大石头”

有人问马云：“小型企业，手上的钱往往都很有限，像我目前也就只有300万的投资，却要在网络上打造出著名品牌来，这是否有难度？”我想，这类问题，许多小型企业都会遇到。因此，想借此良机，向您请教一下：在小型企业资本不大的情况下，如何尽可能在少花钱的前提下，快速地通过网络来发展自己的队伍呢？”

马云答：“300万已经是很多钱了，阿里巴巴创业是从50万开始的。阿里巴巴刚成立的时候，上亿资本的企业也很多很多，但当时的那些企业现在怎么样？阿里巴巴现在怎么样？所以，企业发展跟有没有太多的钱没什么太大的关系。

很多人讲，我企业做不好是因为没钱、缺钱，我觉得，有这种想法的人，基本上是做不成大企业的人。钱是资源，不可以没有，但光有钱一点用都没有！所以今天的网络，不是凭资本打天下，而是靠思想打天下、靠行动打天下、靠团队打天下、靠创新打天下。

想要快速发展，只能是在你找对路之后才能开始，路还没找到就想着快速是不行的。现在你的情况，必须先找到一条网络发展之路，然后再加

快前进的速度。就像摸着石头过河，你至少要摸到石头再开始过河，石头都没摸到你怎么敢往前走呢？”

“就像摸着石头过河，你至少要摸到石头再开始过河，石头都没摸到你怎么敢往前走呢？”马云的比喻很形象。创业,先要找到引导你创业的“大石头”。

摸索着解决问题。主要是说没有前人的经验可以借鉴。创业要像小马过河一样，不要去相信别人说的深浅，摸着石头过河，只有体验过才知道创业的选择正确与否。

选择一个喜欢做的事和一个赚钱的行业，结识一个同业成功的朋友.先做他做的事，和他一起做事，然后才有自己做事的资本。

书籍只能给你提供一些基本的原理。任何书籍或者通常的顾问都无法为你解决所有问题。要借鉴成功经验，你需要借鉴获得成功的生意人的经验。

一个老板说：每当在新行业创立新企业的时候，我总会找两三个人来学习一些经验。通常我会找一个经验丰富的经理，但是只有他还不够。三个臭皮匠胜过一个诸葛亮。在创办第一个礼品贺卡店的时候，我选择了一位获得非凡成功的店铺老板来帮助我解决从布置到季节性促销的所有问题。他提供了一份打印清单，分门别类列出了最畅销商品的名字。花了800美元和一些路费，我刚创办两周的企业学到了身在远处顾问的20年的经验。

你能借鉴成功经验吗？当然可以。在你所在的领域中寻找已经获得成功的人，不要在自己的经营区域寻找。不要指望竞争对手告诉你秘诀，要向根基扎实的好企业学习，而不要试图寻求免费信息。你所接触的大多数人会乐于与你磋商，而且只需花费极低的成本。他们并未把自己当成真的

顾问，借鉴他们智慧的说法让他们很高兴。对你而言，这些可能是创立赢利新创企业的关键所在。

找到引导你创业的“大石头”，摸石头过河，可以减少不必要的麻烦，学习前辈，复制他们的成功！

动力来源于你的创业目标

确立了创业目标，能激发人们巨大的创业热情，从内心深处激发出你强大的使命感，从而获得强大的动力，引导人们发挥潜能，有助于人们安排创业的轻重缓急。

创业目标能使你未雨绸缪，使你有能力把握现在，使你现在的许多工作自然围绕创业目标而展开。有了创业目标，你就会比别人多一双“慧眼”，多一分心机，你就会拥有了一颗有准备的头脑。

宁剑在省结核病医院药剂科工作几年后调入了湘珠医药公司当药品销售业务员，每天都要起早贪黑跑市场。由于该公司成立不久，社会知名度不高，客户不熟悉，不信赖，刚开始业务做得十分艰难，思想压力也很大。但他没有退却，而是脚踏实地一个客户一个客户地去公关，凭自己的真诚和毅力终于赢得了客户的信赖，业务越做越大，并积累了丰富的一线药品业务工作经验和一定的社会关系，不久荣升为该公司药品部经理。

随着湘珠医药公司并入湖南国华医药公司，宁剑也随之到该公司工作，并出任该公司药品部经理。该公司主要针对基层医药卫生部门、药店、诊所和提篮子的生意人，从事药品批发工作。由于这种廉价的现金交易经营

模式当时在湖南省只有一家，因此，该公司生意十分红火，每天门庭若市，吸引了大批来自本省各地乃至湖北、江西、广东等周边省份基层医药卫生部门的客户。在此期间，宁剑不仅积累了丰富的药品批发经验和一定的资金，而且结识了大量的客户和朋友，为今后自主创业打下了坚实的基础。

在该公司几年的打拼后，宁剑又跳槽到了湖南时代阳光医药集团，出任该会司副总经理，并带来了大量的客户和药品经营管理经验。在该公司管理层经过几年的锻炼和积累，待时机成熟时，宁剑终于自立门户，入股买下原长沙三九医药公司，并出任该公司总经理，如今生意红红火火，公司不断发展壮大。

创业目标能使你把重点从创业工作本身转移到创业成果上来，你将不是为创业而创业，而是为着一个目标而创业。你的工作将更富有效率。激情就是鼓满船帆的风，风有时会把桅杆吹断，但是没有风，帆船就不能前进。

良好的创业目标，首先要远大，切实可行。要“跳起来能摘到苹果”。如果你无论怎样努力，都无法摘到苹果，说明你的目标定得太高，就要适当调低，但也不能太低，乃至不费吹灰之力，唾手可得。太难和太容易的事，也不会激发人的热情行动。中短期目标是现实行动的指南，如果低于自己的水平、干些不能发挥自己能力的事情，则不具有激励价值，但如果高不可攀，拿不出一个切实可行的计划来，不能在一两年内明显见效，则会挫伤积极性，反而会起消极作用。要有时间限制，这样才能激励人们在规定的时间内完成规定的任务。只有有明确的目的，在规定的时间内，人们就会尽自己的最大努力，调动自己的最大潜能，才能实现目标。。

其次要具体。创业目标只有定得具体，才容易实现。否则，会成为“镜中花，水中月”，成为一座“空中楼阁”。可将长远目标分解为切实可行的、在一定时限内能够完成的、明确的短期目标。

目标带给人动力，把大目标分解成效目标，一步步实现小目标，大目标就是顺其自然的事情了。

再次，量体裁衣。创业目标要适合于创业者的能力、经历、专业、个性、兴趣、相关条件等，适合于别人的，不一定适合你自己。制定目标时要掌握好一个合适的程度，要因人而异，根据自己的经验阅历、素质特色、所处的环境条件等，使我们的目标既要高出我们的水平，又要切实可行。

最后，要登高望远，不要鼠目寸光。就像打仗一样，不要太过计较一城一地的得失。在市场开拓领域，有时为了求得更大发展，可暂时放弃一些市场。集中人力、物力、财力去攻有更大价值的市场；不要急功近利。

有一个年轻人因为工作问题跑来找拿破仑·希尔，这个年轻人举止大方，聪明，未婚，大学毕业已经4年。

他们先谈年轻人目前的工作、受过的教育、背景和对工作的态度，接着，拿破仑·希尔对年轻人说："你找我帮你换工作，你喜欢哪一种工作呢？"

年轻人说："那正是我找你的目的，我真的不知道自己想要干什么？"

拿破仑·希尔又问道："让我们从这个角度看看你的计划，10年以后你希望怎样呢？"

年轻人想了想："我期待我的工作和别人一样，待遇优厚并且买一栋好房子。当然，我还没有深入思考过这个问题呢。"

"那是很自然的，"拿破仑·希尔继续解释，"你现在的情形就好比跑到航空公司里对人家说'给我一张机票'一样。"

除非你说出你的目的地，否则人家没办法卖给你机票。因此，拿破仑·希尔对这个年轻人说："只有我知道你的目标，才能帮你找工作。换而言之，你自己确定了自己的目标了吗？"年轻人陷入了沉思之中。拿破仑·希尔也确信，年轻人已经学到了人生最关键的一课，那就是：你出发之前，一定要有明确的目标。

公司创办人陈崇力回忆刚刚毕业那会说道："那时候很多人都去学校

推荐的单位实习，我觉得那样没什么意思，我不喜欢按部就班走别人设计好的路，所以去了一个跟专业几乎毫不相干的单位，干了一份与专业看起来不怎么沾边的工作。”

因为不甘心按部就班，陈崇力选择了一份让人意外的工作，18个月后，因为同样的理由，他又一次选择了意外。他开始第一次创业——某知名便当品牌的浙江省代理工作，一干便是2年。

如果说在国际展览公司工作的时候给他最大的收获，是有机会接触国外尤其是高收入水平国家的居民生活状态，让他了解到与专业相关的一些体制与制度的话，那么便当品牌代理的工作则是让他有机会亲身经历创业过程中的具体问题。

“回想起那2年，我觉得自己就是一种状态：摸着石头过河，找准自己的目标。大到财务、人事、市场；小到日常管理、应对紧急问题等，这2年我碰了很多次鼻子，也学到了很多东西，这些是我后来创业中很宝贵的实践经验。”

每个创业者的心里都有自己渴求的愿望，都有自己的奋斗目标，为实现这个目标，自然会产生为实现这个目标的动力，为实现这个目标而努力。有什么样的目标就会有什么样的动力，如果你的目标不够大，就不能刺激你的心，你就很难成就更大的事业。

学习、生活、工作中的动力都来自心中的目标、为自己定个明确的目标吧，为自己的目标努力奋斗吧，只有在逆境中把压力转化为动力，才能离目标越来越近。在明确里自己的目标之后，合理地安排实现目标的步骤和计划，并按照这个计划脚踏实地地实施，这样，目标就形成了一股前进中的动力，不断地推动你前进。

创业梦想是成功的起点

在福布斯公布2010全球富豪榜中，中国大约64人上榜。但这并不重要，我们关心的是，这些富豪们，他们是怎样取得了成功？

网易的丁磊说：“人生是个积累的过程，你总会有摔倒，即使跌倒了，你也要懂得抓一把沙子在手里。”衡量一个人成功与否，与金钱无关，与年龄无关，关键在于你是否战胜了自我。梦想是成功的起点，这些成功的富豪背后起落的经历、人生的态度、成功的经验、失败的教训，对很多人而言，都是一种借鉴，一种无形的力量。

“身体残疾虽然不幸，却激发了自己的潜力和创造性，向命运挑战就能找到生命的真正价值。”说这番话时，罗斌眼里充满自信，让人很难想到他是一名右腿高位截瘫的男子。这位刚过不惑之年的男子，凭着顽强的意志，与命运抗争，在逆境中奋起，实现了自己心中的梦想。

罗斌的工作室，不足20平方米的空间摆放了电脑、打印机、条幅印制机、桌椅板凳等，狭小的空间被填得满满的。

24岁时，他因一场意外，高位截瘫，永远失去了右腿。回想当初，失去一条腿的罗斌也曾彷徨、困惑，一度不能适应突如其来的变化，但张海

迪的故事重新点燃了他心中的希望，他开始认真规划起自己今后的路。因为曾经从事广告业务，多年来的工作实践让罗斌学会了不少广告设计和制作的手艺。经过深思熟虑，他决定经营一家自己的广告设计室。拿定主意后，他与父母商量此事。他父母劝道：“凭你一个人闯市场，行吗？别人都干不了，何况你。”罗斌不顾父母的劝阻，凭借一股闯劲，立即行动，借钱找门面设计装修，功夫不负有心人，终于在名山县城民生路找到合适的门面。为了节约开支，他拄着双拐跑遍了雅安的旧货市场，挑选购买既好用又便宜的二手机器。

罗斌的工作室开张一个月，除了一些零星的复印活，做广告的活一份也没有，一个月下来亏损近2000元，与他之前的设想完全不一样。他像霜打的茄子一般，创业的激情没有了，急得寝食不安。

“不能坐在店里傻等，要主动出击，五尺男儿不能认输。我开始走大街串小巷，看到有准备开张的公司企业以及个体经营店就上前与人攀谈，恳请人家让自己为他们做广告宣传。”功夫不负有心人，在他的努力下，他终于争取到第一份广告制作业务。对这来之不易的第一份业务，罗斌倾注了全部精力，不分昼夜地忙碌着，终于在最短的时间里，按客户的要求完成了广告设计，受到客户的称赞。

当时，罗斌一个人兼顾版式设计、颜色配制等，经常一天只吃两顿饭，从早到晚，常常累得直不起腰。“我不相信命运，只相信自己，别人能做到的，自己同样能做到。”这是罗斌的座右铭。

由于罗斌设计制作的广告新颖独特，收费又便宜，因此吸引了不少顾客，虽然赚钱不多，但他很欣慰。

“服务实在，让人放心”、“广告设计货真价实”……翻开留言簿，客户的赞美就是罗斌工作室最有说服力的活广告。凭借罗斌认真负责、诚实守信的经营之道，生意日渐红火起来，工作室有了大买卖，其规模也不断在扩大。在原有的基础上，更新了设备，工作室也发展到拥有员工3人。

正当罗斌开创的事业蒸蒸日上之际，很多对广告设计有兴趣的社会青

年也慕名前来拜师学艺，面对这些同行和日后的竞争对手，罗斌打破“同行是冤家”的观念，总是笑脸相迎，热情接待，为他们释疑解惑，让他们满意而归。

“梦想是成功的起点。身体残疾并不可怕，只要有志向，一样能闯出一片天地来。”就这样，罗斌拖着残疾的身体，克服了常人难以想象的困难，成就了一番事业，实现了自己的人生价值。

做个有志向有梦想的人，毛泽东说过“自信人生二百年，会当击水三千里”。拿破仑也曾经说过“不想当将军的士兵，不是好士兵”。这些名言就是告诉我们，做人应该有梦想，应该有信心。梦想是引导我们走向成功的航灯，自信是达到人生顶峰的动力。美好的前途来自于自强、自立、自信，不达目的不罢休，咬定青山不放松。

很多时候，并不是因为事情太难我们不敢去做，而是因为我们不敢做，所以事情才会显得那么困难。在工作中，我们或多或少会出现“不敢”的心理。新的工作不敢做；来了机遇不敢抓；工作中遇到困难不敢面对；失败面前不敢承担责任等。打垮自己的往往不是别人，而是自己，不要把一次的失败看成是人生的终审。逃是懦弱的，避是消极的，退就显得更加无能。成功的道路得靠自己闯，做人有困惑，做事有困境，世上没有一帆风顺的事，但是，有梦想的人可以不畏险阻。

其实，做一件事情最终的成败并不重要，重要的是你有了这种想法之后，你是否曾经尝试着要去做。面对理想和梦想遭到摧残时，我们应该鼓起勇气为自己的理想去奋斗，为自己的梦想去努力拼搏。

曾经有心理学家做了一个这样的实验：将五只猴子关在同一个笼子里，大铁笼上放一串香蕉，于是就有猴子想去拿香蕉；但是每当有猴子伸手去拿香蕉时就会遭到电击，于是久而久之，所有的猴子都不敢去拿香蕉了。有一天，心理学家将其中一只猴子从笼子中抓出来并放进另一只猴子，

这只猴子没有遭受电击，于是就想去拿香蕉，结果被其他的猴子痛打一顿，这只猴子也不敢去拿香蕉了。后来，心理学家又抓出了一只猴子，再放进另一只猴子，结果这只猴子也想去拿香蕉，但又被其他猴子打，而且先前那一只被打的猴子打得最狠、最重。之后，心理学家又一次重复了这个步骤，最后笼子里的五只猴子都换新了，但是仍然没有猴子敢去拿香蕉，因为一拿就会被其他的猴子打。

从这个实验我们可以看出，当你梦想时却遭遇了别人无情的打压，在这种情况下，梦想能否实现就要看你是否努力、是否有支撑下去的勇气了。如何将现实的遭遇转化成奋进的动力，将梦想转化为有目标的行动，这就是一个成功的人必须具备的基本素质。

如果一个美好而令人心动的想法，始终在心里打转却又无法得以实现，这是在慢慢的浪费着一个人的生命。如果你大胆地去尝试、去做，即使失败了也没什么遗憾。

雷·克洛克先生是世界著名的麦当劳连锁店集团的创办人。

他的两个座右铭印证了所有历史书籍所能涵盖的教训。第一个座右铭："只要你还很嫩绿，你就会继续成长；一等到你成熟了，你就开始腐烂。"克洛克先生的第二个座右铭：坚持到底。

在这个世界上，没有任何事物能够取代毅力。能力无法取代毅力，这个世界上最常见到的莫过于有能力的失败者。天才也无法取代毅力，失败的天才更是司空见惯。知识也无法取代毅力，这个世界充满具有高深学识的被淘汰者。毅力加上决心，就能无往不胜。每个人都希望成功，但却只有少数人愿意努力、付出代价以及从事应该做的工作。一个人认为自己能有所作为，只不过是起步而已。必须要经过几个星期、几个月、几年的不懈努力，才能克服一切不利的条件，在挫折中奋进，最终达到目的。

雷·克洛克永远不会放弃自己的梦想。事实上，他一直到52岁时才走

上成功的道路。他在 20 世纪 20 年代初开始出售纸杯，并且兼弹钢琴，负起养家的责任。他一共在莉莉·杜利普纸杯公司服务了 17 年之久，并成为该公司最好的推销员之一。但他放弃了这个稳定的工作，独自经营起牛奶雪泡机器的行业。他十分着迷于一种同时能够混合 6 种牛奶雪泡的机器。后来，他听说麦克唐纳兄弟利用他的 8 架机器同时推出 40 种牛奶雪泡，于是亲自前往圣伯纳迪诺调查。他发现麦克唐纳兄弟有一条很好的生产线，能够生产出高质量的汉堡包、炸薯条以及牛奶雪泡。他认为，像这样的好设备只局限在一个小地方，未免太可惜了。

他问麦克唐纳兄弟："你们为什么不在其他地方也开一些像这样的餐厅？"

他们表示反对，说："这太麻烦了，而且，我们也不知道要找什么人一起合作开设这种餐厅。"雷·克洛克的脑海中却正好酝酿这样的一个人，这个人就是他自己，他愿意跟麦克唐纳兄弟一道将这份事业做好做大。

雷·克洛克虽然一直只是一个推销员，而且一直到他 52 岁时才从事新事业，但他却能在 22 年之内把麦当劳扩展成为几十亿美元的庞大企业。

敢想敢做，不付诸行动的想法永远不能成为现实。有梦想就有动力、有激情。

1821 年，路易威登出生于法国乡下一个木匠之家。14 岁之前，他的生活就是终日泡在木屑堆里。14 岁那年，村里来了两个年轻的摩登男女。他们衣着华丽，举止高贵，大家都凑过来看这对年轻人。

那夜，摩登女郎用鄙夷的语气对村民说："这个鬼地方怎么月亮都显得那么肮脏，巴黎的月亮比这漂亮一百倍。"

骨子里不甘的路易萌生了一个惊人的想法：去巴黎！去看看那里的人，去看看那里的月亮。就这样，14 岁的路易，打了一个月的工，走了一个月的路，凭借他的双手，筹到了去巴黎的路费和生活费，凭他的双脚，

徒步两个月走到了巴黎，走过了人生最艰难也最重要的一段路。

到巴黎后，他找到的第一份工作是捆衣工，一年后又到一家高档皮箱店学徒。一次偶然的机会他得以留在法国皇宫，成为皇后乌婕妮的御用捆衣工和皮箱整理师。

1854年，路易带着大批赏赐的财产离开了皇宫，用这些钱开了一家皮箱店。精致的做工，人性化的设计、尊贵的外观，很快受到贵族的青睐。很快，路易威登的箱子风靡了整个法国贵族阶层，就连俄国和西班牙的王室都不远千里前来采购。

路易威登死后，他的儿子继承了父亲的产业，并进一步把经营范围扩大到手提包和背包。1896年，为了纪念父亲，他的儿子将路易威登的名字缩写为“LV”印制在了自家的产品上，进一步加强了品牌特征。1987年，LV和轩尼斯合并，强强联手，组建了全球最大的奢侈品集团——LVMH集团。LV在奢侈品行业的地位更是不可动摇。

路易·威登就是一个拥有梦想、为了梦想执著奋斗并获得了成功的人。从一个乡村木匠到世界上最大奢侈品集团的创始人，如果当时14岁的路易威登如果没有去看看巴黎月亮的梦想，怎么会有闻名世界的LV呢？

有梦的人从表面上看起来可能会很累，但其内心是踏实且充实的；随波逐流的人也许看来是一副慵懒享乐的样子，而内心的无聊与对现实无力支配又是另一种折磨。梦想是成功的起点，它让一个人找到自己的位置，而一个高尚的梦想更会使人通达事理、全力以赴、果断决策，达到成功！

在认定的目标上专心以进

现在有许多书籍、讲演、研习，就像武功秘籍一样，传授上班族提升工作效率、增加生产力的心法。然而不管多少奇招异术，万法不离其宗，正所谓“练拳不练功，到老一场空”，提升效率的基本功夫，就是专注、专心。想要事半功倍，必须以专心为前提，不能集中注意力，则效率就无从谈起。

有个叫玛妮雅的波兰小姑娘，学习非常专心。不管别人怎么吵闹，都分散不了她学习的注意力。

一次，玛妮雅在做功课，她姐姐和同学在她面前唱歌、跳舞、做游戏。玛妮雅就像没看见一样，在一旁专心地看着书。

姐姐和同学想试探她一下。她们悄悄地在玛妮雅身后搭起几张凳子，只要玛妮雅一动，凳子就会倒下来。时间一分一秒地过去了，玛妮雅读完了一本书，凳子仍然竖在那儿。

从此姐姐和同学再也不逗她了，而且像玛妮雅一样专心读书，认真学习。

这个小姑娘长大以后，成为一个伟大的科学家。她就是居里夫人。

物理学家亨利·柏克勒尔发现：铀的盐类会发出一种看不见的射线。当时，这种神秘射线的来源对科学家们来说，还是一个算不出答案的难题。

居里夫妇正是从解决这个难题入手，开始了他们共同的生活和战斗。他们经过反复的研究和试验，终于从沥青状铀矿里先后发现了放射性元素——“钋”和“镭”。亨利·柏克勒尔的难题攻下以后，居里夫妇并没有停止他们的脚步，而是继续向光辉的顶点前进！当时，几乎所有的化学家、物理学家对于镭的发现都持观望态度。因此，居里夫妇又给自己提出了一个新的攻坚任务：下决心，从沥青状铀矿中取出“相当”分量的镭，拿出“真凭实据”来证明这种“神秘”射线的存在。

没有钱买沥青状铀矿做试验，他们就用沥青状铀矿的残渣供试验用；没有实验室，他们就借用所在学校的一间简陋的木板房搞实验。小屋里散发出来的刺激性很强的蒸汽使人窒息。居里夫妇正是在这种恶劣的条件下，进行着提取“镭”的不懈的搏斗，为了使实验不间断，他们往往就在这里，边做实验，边做顿简单的饭来充饥。日复一日，年复一年，四年时间过去了，尽管居里夫妇历尽了千辛万苦，可是把镭分析出来的试验还是没有成功。

不卫生的工作环境又使皮埃尔·居里患上了四肢疼痛的病症。玛丽身上的担子就更重了。她需要把大量的矿渣加热、搅拌，把大桶里的流汁倒出来，如蒸馏、结晶等。化学处理的繁重劳动，累得玛丽瘫痪了一样。每到晚上，她照料完孩子，又要开始他们的论文写作，有时整年的时间在实验室里度过。这对年轻的夫妇没到过一次戏院、没有去听过一次音乐会，甚至没有访问过一次朋友。可是，仅用一年的时间，居里夫妇竟写出过三篇震撼世界的科学论文。正像玛丽·居里后来回顾这段艰苦历程时所说：“……在这间简陋的木板房子里度过的几年，是我们一生中最有价值的、最幸福的、完全献身于工作的时期。”

1902 年深冬的一个雪夜，居里夫妇迎着万家灯火，踏着厚厚的积雪，习惯地向他们的实验室走去。当皮埃尔·居里划火柴开门的时候，被玛丽·居里拦住说：“不要点亮。”他们摸黑走进小屋，顿时惊呆了。这间简陋的木板房简直成了一个魔宫：从瓶子里、罐子里、桶里放出一片晶莹的蓝光，特别是那支盛试验产物的玻璃管里，放射出来的光更加强烈。

看不见的射线，看见了！神秘的射线揭穿了！他们日思夜想的镭诞生了！可是，谁曾想到这世界上第一克镭竟是居里夫妇从八吨沥青状铀矿的残渣碎屑中，经过整整四年的辛勤劳动提炼出来的。它像镶嵌在科学之巅的一颗明亮的珍珠，被不畏劳苦的居里夫妇亲手摘下来了……

这一克镭的诞生包含着居里夫妇多少次失败的教训，多少次胜利的喜悦！这一克镭究竟盛着他们多少劳动的汗水和脑汁，那真是无法计算了。只要工夫深，铁杵磨成针。认定目标专心做下去，就没有打不倒的困难。

黄长生是客家人，他是一个靠养殖珍禽从一无所有变成百万富翁的传奇人物。

黄长生是个孝子，每年到清明节的时候，不管多远，他都要赶回来给父亲扫墓。1996 年的清明节，远在广州打工的黄长生像往年一样回来扫墓。没想到扫墓时碰到了一件事从此改变了他以后的生活。

坟地上草丛里长起了很深的茅草，还有小山竹什么的。他拿着随身带的一把柴刀，想把周围的茅草砍掉。当砍了几下，“嘭”的一下。飞出一只野鸡，一找，发现了一窝野鸡蛋。

黄长生将这 12 只野鸡蛋带回家，孩子们吵着要煮熟了吃。此时的黄长生却突然想起在广州打工时的一件事。“我在东莞打工的时候，我到市场上去买菜，偶尔看到一个人打死的野鸡还要 40 多元。”

因为家境贫寒，黄长生从 1994 年就开始出去打工挣钱养家糊口，可出门在外的日子也不好过。

那一年的清明节，黄长生作出了一个决定，他放弃了继续出门打工的计划，想靠在家养野鸡赚钱发财。他要做的第一件事，就是想办法把这 12 只野鸡蛋孵化出来。

黄长生在家自己孵野鸡蛋的举动成了邻里乡亲谈论的笑话。

在一片嘲笑声中，黄长生像只母鸡一样亲自孵出了 8 只小野鸡。靠

这种鸡生蛋、蛋生鸡的原始繁衍积累，不到一年的时间，黄长生已经有了300只野鸡。此时，为了养这300只野鸡，黄长生已经耗尽了打工时的所有积蓄，老婆也开始发起了牢骚。

在当地人眼中，野鸡是很不值钱的东西，根本无人问津，喂养这些野鸡使黄长生几乎倾家荡产。就在他快要绝望的时候，幸运之神光顾了他，一个港商开口出160元一只，全部要买下来，“当时我心里是‘嗵嗵’跳。”

天上掉下了馅饼，黄长生高兴之余多长了一个心眼。

黄长生：“他出这么高的价钱，说明这个野鸡肯定有它的价值，如果我全部卖掉了，连种都没有了，这不是竭泽而渔吗？我自己还是要留下一部分种。我就在中大以上的鸡中选了120只给他，他以19000元的现票子点给我。”

黄长生繁衍野鸡赚了大钱的消息很快就传开了，他一下子成了当地媒体上的名人。上海、浙江等地的大酒店看到报道后纷纷找上门订货。

黄长生又培养出一种好看的杂交鸡，取了个好听的名字叫锦凤野鸡。

这种锦凤野鸡一上市就受到了观赏动物养殖园和一些饭店餐馆的欢迎。

杂交后的野鸡由以前的12元钱一斤涨到了20元，成活率繁殖率大大提高，黄长生在铜鼓县的老场渐渐显得拥挤，他就索性在客源比较集中的浙江、云南等五个省市设了养殖分厂。到2000年，黄长生已经靠这种锦凤野鸡赚了100多万元。

在黄长生的规划中，两年之后，他这里将成为一个餐饮、旅游、观赏和住宿一条龙的农家珍禽乐园。

若当时止于妻子和邻居们的阻拦，黄长生就不能取得今日的成就。在认定的目标上发展，需要有毅力，有决心，有不怕吃苦的精神。

为目标专为工作狂

一个年轻人想获得成功，于是他就去找智者寻求成功的秘密。长途跋涉后，年轻人终于找到了智者。

“大师，我请求您教我成功的秘诀吧。”

“你想获得成功就跟我来吧！”智者回答，说完便走向海边，年轻人立即跟上来，智者向前走，直到走进大海，他的身体已经被水淹没，但是他仍然向大海继续前进。他突然将年轻人的头按在了水中，年轻人拼命挣扎最后终于挣脱了。这时智者紧紧握住了年轻人的手，一分钟后他放开了年轻人。年轻人跳出水面大口地喘着气：“你想淹死我吗？”年轻人愤怒地朝智者喊叫。

智者说：“如果你希望获得成功的愿望就像现在要呼吸到空气这么强，你就找到了成功的秘密”。

如果你对成功的欲望特别强烈，你就会成为一个工作狂人。

李开复说：“我辛勤工作，不是因为我贫穷，而是因为我充满着激情。”

不只李开复，几乎绝大部分有突出业绩的企业家（像马云）、艺术家（像陈丹青）、科学家（像华罗庚）身上都能感受到这种工作热情。他们比其

他人揽的事情多、他们做的很多事情比同行做得好、他们还会额外承受很多负担，他们不但高效、积极、进取，最重要的还有快乐。他们不只让自己有更强的解决能力，他们也是驱动很多人前进的榜样力量。

工作狂们有一个共同的特点就是热爱自己做的事情，并且比别人更为投入。工作狂的一个非常重要的特点就是能富有热情与感染力地向别人传达自己的热爱，以至于他所做的事情比其他人平静做的事情更加具有色彩与味道，从而也更有可能吸引到别人的资源；工作狂在工作中的投入超过了其他的一般人，幸运的工作狂既有一群与他一起狂的同事，还有理解与支持他的朋友与家人；很多的时候工作狂在台后的投入比台前多很多，在那种投入里面是因为有他们的痴迷，他们的时间、精力与其他资源投向就有了很确切的落点。当然工作狂追求在自己喜爱点上的成就的需要超过了对其他事情马马虎虎的应付，这让他们与大部分混日子的人不一样，因为他们的目标感与成就感更加突出。

工作狂如果得到了让他狂的空间与机会，这本身就是他们最大的幸福所在，而且正因为他们有狂迷的特点，就使得他们追求工作中不断深化，因此工作狂的狂与成就感具有很强的主观可持续性。

名人似乎总有与众不同之处，盖茨之所以会成为当今电脑世界的显赫人物，其独特的性格特征也许早已注定了他的非同寻常。

在同学眼中，盖茨极有个性。他在谈话、阅读或沉思时，总习惯把头置于双手之间，身体前后猛烈地摇摆。有时为了表达自己的观点，他甚至还会疯狂地挥舞手臂。

盖茨是个典型的工作狂，这种品质从他的湖滨中学时期就已表现得淋漓尽致，无论是在电脑房钻研电脑，还是玩扑克，他都是废寝忘食，不知疲倦。

1974年，当盖茨认为创办公司的时机尚未成熟而继续在哈佛大学上二年级时，他开始了玩扑克，疯狂地玩，扑克和计算机消耗了他的大部分时

间。像其他他所专注的事情一样，盖茨玩扑克很认真，他第一次玩得糟透了，但他并不气馁，最后终于成了扑克高手。只要晚上不玩扑克，盖茨就会出现在哈佛大学的艾肯计算机中心，因为那时使用计算机的人已不多。有时疲惫不堪的他会趴在电脑上酣然入睡。盖茨的同学说，他常在清晨时发现盖茨在机房里熟睡。

盖茨也许不是哈佛大学数学成绩最好的学生，但他在计算机方面的才能却无人可以匹敌。他的导师不仅为他的聪明才智感到惊奇，更为他那旺盛而充沛的精力而赞叹。他说道："有些学生在一开始时便展现出在计算机行业中的远大前程，毫无疑问，盖茨会取得成功的。"在阿尔布开克创业时期，除了谈生意、出差，盖茨就是在公司里通宵达旦地工作，常常至深夜。有时，秘书会发现他竟然在办公室的地板上鼾声大作。不过为了能休息一下，盖茨和他的合伙人艾伦经常光顾阿尔布开克的晚间电影院。"我们看完电影后又回去工作。"艾伦说。1979 年，微软公司迁到了贝尔维尤，1983 年，微软公司宣布了要开发 WINDOWS 的消息。一位曾到过盖茨住所的人惊讶地发现，他的房间中不仅没有电视机，甚至连必要的生活家具都没有。

盖茨常在夜晚或凌晨向其下属发送电子邮件，编程人员常可在上班时发现盖茨凌晨发出的电子邮件，内容是关于他们所编写的计算机程序。盖茨经常在夜晚检查编程人员所编写的程序，再提出自己的评价。盖茨位于华盛顿湖畔对岸的办公室距其住所只有 10 分钟的驾车路程。一般的情况是，他于凌晨开始工作，至午夜后再返回家。他每天至少要花费数小时时间来答复雇员的电子邮件。

商场如战场，对盖茨来说，他必须胜利，所以他是一个天生的工作狂。今天这个时代，人们更加讲究平庸的幸福感与平衡感，因此工作狂就更加金贵，他们是稀少的真正的创业家，是最可能拿到风险投资机构投资的企业经营者，是最可能的业务骨干，是后来享受人们爱戴的事业家。

工作狂中有一型是自始至终热爱工作、以工作为乐的，他们在工作的痴迷中体会到了只把工作当应付的人不能体会的职业奥妙；还有一种人以工作狂所得到的成功得到了巨大的财富，得到了释放自己人生梦想的机会，从而使得很多过去只能幻想的东西可以变成实际的行动——环游世界、拍摄电影、持股各类有兴趣的事业、参与公益事业等，在这个意义上工作狂可以把自己的一段人生看成代价，另外一段看成收获。但无论哪一种，前一类可以收获独特的同期痴迷之乐，后一类可以得到春华秋实的周期乐趣，这是平庸之乐与平庸之烦中不容易有的快乐感受。

对于一些乐于享受极限工作的精英来说，工作状况愈具挑战性，愈能激发他们的工作激情和活力。当然，优厚的报酬也是很大的吸引力，而这些人所收获的快乐并不比那些在世界各地度假的人来得少。为目标奋斗，是工作狂最大的快乐，为自己的目标全力以赴，做个快乐的工作狂吧！

第四章　冲破创业人脉的阻力

创业者资源，可分为外部资源和内部资源两种。内部资源是指创业者个人的能力，其所占有的生产资料及知识技能，也就是人们通常所说有形资产及无形资产，只不过这种有形资产和无形资产属于个人罢了。创业者的家族资源也可以看做创业者内部资源的一部分。拥有一份良好的内部资源，对创业者个人来说无疑是重要的。创业者外部资源的创立。其中最重要的一点是人脉资源的创业，即创业者构建其人际网络或社会网络的能力。

有钱不如"有人"

比尔·盖茨说：我所从事的不是计算机行业，也不是软件行业，我从事的是"人际关系的行业"，每个人的成功，来自于一群人对他的向心力。了解他们的状况，问题所在，看能否帮助他们，和他们分享一些信息等，目的是维持向心力。

斯坦福研究中心曾经发表一份调查报告，结论指出：一个人赚的钱，12.5% 来自知识，87.5% 来自关系。

创业不是引"无源之水"，栽"无本之木"。每一个人创业，都必然有其凭借的条件，也就是其拥有的资源。一个创业者的素质如何，看一看其建立和拓展资源的能力就可以知道。

人脉即人际关系、人际网络，体现人的人缘、社会关系。根据辞典里的说法，人脉的解释为"经由人际关系而形成的人际脉络"，经常用于政治或商业的领域，但其实不论做什么行业，人人都会使用人脉。

在好莱坞，流行一句话："一个人能否成功，不在于你知道什么，而是在于你认识谁。"卡耐基训练区负责人指出，这句话并不是叫人不要培养专业知识，而是强调："人脉是一个人通往财富、成功的入门票。"

在台湾证券投资界，杨耀宇就是个将人脉竞争力发挥到极致的脉客。他曾是统一投资顾问的副总，后来退出职场，为朋友担任财务顾问，并担任五家电子公司的董事。根据推算，他的身价应该有近亿台币之高。为什么凭他一名从台湾南部北上打拼的乡下小孩，能够快速积累财富？“有时候，一通电话抵得上十份研究报告。”杨耀宇说，“我的人脉网络遍及各个领域，上千、上万条，数也数不清。”

“有缘千里来相会”，一次短暂的聚会，一次偶然的邂逅，这都是上天给我们安排的随缘机会，只要我们抢抓机遇，善于表现自己，而又理解他人，“一见钟情”的缘分就会降临，你的人生或事业也可能从此就会与众不同。

“进了公司我才发现，我的老板是81年的，这令我赶到很惊讶。”出生于80年的历史学硕士陈小姐说，面试的时候以为说话条理清晰、成熟干练的老板可能有35岁，然而进了公司才发现，自己居然是全公司年龄最大的员工。而正是这个创办不到两年，从创办者到员工统统是“80后”的小公司，2006年已经实现年赢利将近80万。

陈小姐用轻松的语句简单叙述了老板的创业经历：“老板2003年毕业，2005年创办展览公司，期间他做过很多行业。由于做了一段时间的展览销售员，他积累下一批很稳定的客源，其中有一个非常信任他的客户给他投资，我的老板才得以进行了这次创业……”

陈小姐列举老板创业成功经验：

一、有一批非常稳定的客源——“他在之前的公司积累了一部分非常宝贵的客户关系，许多客户的私事他能帮的也帮。之前上海车展的一个参展商也是我们的墨西哥汽配展的客户，她来上海参加车展的时候，老板亲自帮她订酒店和机票，客户走时，还送了她上海的特产；还有一次他听说另外一个客户的母亲有关节炎，他还在自己的老家四处打听到一个治疗关节炎的老中医。

二、个人丰富的行业经验——“老板之前做过管理、销售、执行等工作，行业有餐饮、展览、电子、IT、磨具、消费品和汽配等。”

三、学习能力非常强——“老板在创业之前在各个行业工作的时间都不长，他会用最短的时间学习和掌握好本职工作的经验。”

四、非常刻苦努力——“从2003年毕业到现在（包括创业前后），他每天的工作时间都不会少于14个小时。”

五、经常赞美员工——“我放弃之前的高薪职位跳槽到这家公司来，因为他给我感觉就是：他会善待他的员工，当公司有更大发展的时候，他会善待公司的元老。”

学会处理好与员工和客户之间的关系，是一个经理人必备的法宝。只有拓展人脉，才能给公司带来更大的收益。

拓展人脉的两大法宝是：培养自信与沟通能力、学习适时赞美他人的能力。

每个人都会有一套积累人脉的方式，但是，如何才能有效率地提升人脉竞争力呢？要提升人脉竞争力有许多技巧，但是，前提是必须具备“自信与沟通能力”。以自信心来说，你的舒适圈有多大？一个没有自信的人，舒适圈很小，总是怕被拒绝，不愿主动走出去与人交往，更不用说要拓展人脉了。

在鸡尾酒会或婚宴场合，西方人出发前都会先吃点东西，并提早到现场。因为那是他们认识更多陌生人的机会。但是，华人社会里，大家对这种场合都有些害羞，不但会迟到，还尽力找认识的人交谈，甚至好朋友约好坐一桌，以免碰到陌生人。因此，尽管许多机会就在你身边，但我们总是平白让它流失。

沟通能力就是了解别人的能力，包括了解别人的需要、渴望、能力与动机，并给予适当的反应。倾听是了解别人最妙的方式。

高阳描述“红顶商人”胡雪岩时，就曾经这样写：“其实胡雪岩的手腕也很简单，胡雪岩会说话，更会听话，不管那人是如何言语无味，他都能一本正经，两眼注视，仿佛听得极感兴味似的。同时，他也真的是在听，紧要关头补充一两语，引申一两义，使得滔滔不绝者，有莫逆于心之快，自然觉得投机而成至交。”

适时赞美别人也是沟通妙法。

美国“钢铁大王”卡耐基，在1921年付出一百万美元的超高年薪聘请一位执行长夏布。许多记者访问卡耐基时问：“为什么是他？”卡耐基说：“因为他最会赞美别人，这也是他最值钱的本事。”甚至，卡耐基为自己写的墓志铭是这样的——这里躺着一个人，他懂得如何让比他聪明的人更开心。

“人类本质里最深远的驱策力，就是希望具有重要性。”美国哲学家约翰·杜威说。建立了自信与沟通能力以后，提升人脉竞争力的守则还有：诚实守信、被利用的价值、分享、创意与细心、助人、好奇心。

摩根大通集团台湾区负责人郭明鉴有一次在接受记者访问过程中，当被问到“专业与人际关系到底哪一个比较重要”时，他沉思了许久回答：“没有专业，你的人际关系都是空的。但是，在专业里，有一条是最难的，就是信任，而这也是人际关系的基石。”

懂得分享的人，最终往往可以获得更多，因为，朋友愿意与他在一起，机会也就越多。一个只关心自己，对别人、对外界却没有好奇心的人，即使有再好的机会出现，也只会与机会擦身而过。

据传，日月光半导体总经理刘英武当初在美国IBM时，为了争取与老板碰面的机会，每天都观察老板上洗手间的时间，自己选择在那时去上

洗手间，增加互动。

一个创业者如果不能在最短时间之内建立自己最广泛的人际网络，那他的创业会非常艰难，即使其初期能够依靠领先技术或者自身素质，获得某种程度上的成功，我们也可以断言他的事业一定做不大。

创业者人际资源，按其重要性来看，第一是同学资源。。在《科学投资》研究的上千个创业者案例中，有许多成功者的身后都可以看到同学的身影，有少年时代的同学，有大学时代的同学，更有各种成人班级如进修班、研修班上的同学。赫赫有名的《福布斯》中国富豪南存辉和胡成中就是小学和中学时的同学，一个是班长，一个是体育委员，后来两人合伙创业，在企业做大以后才分了家，分别成立正泰集团和德力西集团。一位创业者在接受《科学投资》的采访时说，他到中关村创立公司前，曾经花了半年时间到北大企业家特训班上学、交朋友。他开始的十几单生意，都是在同学之间做的，或是由同学帮着做的。同学的帮助，在他创业的起步阶段起了很大的作用。现在社会上同学会很盛行，仅北京大学，各种各样的同学会就不下几十个，据说其中有一个由金融投资家进修班学员组成的同学会，仅有 200 余人，控制的资金却高达 1200 个亿。人大、北大、清华等名牌大学在北京、上海、广州、深圳都有同学会或校友会分会，在这些地方，形形色色的同学会多如恒河沙数。

与同学相似的，是战友；可以与同学和战友相提并论的是同乡。共同的人文地理背景，使老乡有一种天然的亲近感。曾国藩用兵只喜欢用湖南人，中国历史上最成功两大商帮——徽商和晋商不管走到哪里，都是老乡拉帮结派，成群结伙的。正是同乡之间互为犄角，互为支援，才成就了晋商和徽商历史上的辉煌。

好好利用身边的资源，有时候有钱未必就能做成事，重要的是你要有人脉。有贵人相助，更能助你一臂之力，冲破阻力，早日成功。

找优秀的人为你工作，才能冲破阻力

老子曾说："善用人者为天下。"说的就是任用人的重要性。善于任用人者则事业兴，不善于任用人者则事业毁。因此任用什么人和怎样用人是关系事业成败的大事，不能不谨慎对待。

"知人善任，若已有焉"，这句话的意思就是说，发现人才并善于使用，那么就相当于自己拥有了别人的才能！中国历史上的许多事例都说明，一个领导者是否善于用人，直接关系到领导的成败。楚汉相争。刘邦能成功，关键一点就在于刘邦善于用人。刘邦虽非全才，但他善于笼络各种人才，所以能取胜。

一个企业要兴旺发达，必须要有一大批优秀的人才。

相较国内投资人更看重企业领导的个人魅力这一情况，国外风险投资机构则更看重市场机会及团队力量。

成长了多年的mysee，所有的事情已经不是一个人单枪匹马能够做好的。总裁高燃说："现在不是单枪匹马能够做好事情的时代，你一定有你的不足，那就找这方面有专长的人。"

培养一支精干的团队，目前是这位年轻总裁认为比较重要的事情。对

于那些多数比自己年长的清华毕业的高材生，高燃笑着说："我总是对他们笑眯眯，并鼓励他们，但他们好像有点怕我，不知道为什么。"除了团队建设，高燃补充道，"要善于学习，并且付出比一般人更多的劳动，比别人知道得更多，你才有可能成功。"要有商业的感觉，要善于沟通，跟主管部门的沟通，跟员工的沟通，跟投资人的沟通、媒体的沟通、合作伙伴的沟通，"如果有了这几点，你又聪明，那你就可能成功"。

找优秀的人为你工作，是冲破创业阻力的关键。如果一家公司能把最好的人招进自己的公司来，做什么都会很容易。独特的技术、精彩的商业计划虽是创业企业获得成功的关键因素，但都具有很大的可变性，而唯有创业者的个人品质是难以在短时间内改变的．而且对创业企业能否获得成功起着决定性作用。

对企业而言，最优秀的人才并不一定是企业最需要和对企业最有用的。面对成本和成长的双重考验，如何选择天下英才为我所用，成为老板们心中的一道难题。

现在很多企业总是在量上追求博士、硕士之类的高级人才，实际上，作为专业性的人才，有几个博士、硕士是应该的，但对于管理人才和经营人才，高学历未必就是必要的条件。你需要的并不一定是最优秀的，但应该是最适合你的。

网上热炒说北大、清华等名牌大学的学生不像以前那样好找工作了，其实这很正常。企业追求的是成本最小利润最大，聘用北大、清华的学生往往比聘用其他人成本高，企业经过权衡决定不用也很正常。麦当劳在使用人才上就很实际，只找最合适的人。

哪些人才是最合适的呢?

第一，应该从我们通常所说的"德"上去衡量。人品在任何时候都是很重要的，作为企业的管理人才和专业人才更是如此。

第二，最合适的人才应该具有很好的领悟力，应该能够在很大层面上

和老板进行沟通。不少企业的老板本人都很有想法，但在实际中他们的很多想法都没有得到有效的贯彻和落实，其实，原因就在于他们缺少一个能够真正领会自己意图的下属。老板是战略家的角色，很多具体的事需要下属去贯彻落实，如果执行者不能很好地领会老板的意图，需要老板反复叮嘱，那这老板可就当得太累了。

第三，在价值取向上和企业一致或基本一致是选择人才的重要标准。企业文化，其实作为一种非制度的影响力，核心就是价值取向的问题。如果人才的价值取向不能和企业保持大体一致，他的能力再强也没法和公司协调。事业是一个漫长的过程，所以打造团队非常重要，一定要挑选价值观相近的人，只有这样才不会导致分道扬镳。团队不是找来的，是磨出来的，聚集一帮价值观、文化背景相近的人在一起。

此外，适合也是一个相互的问题，人才要适应老板和企业，老板也要积极适应人才。最合适的人才是最有用的，并不等于最听话的人才就是最有用的。有真才实学的人往往不会对老板唯命是从。

这是马云在《赢在中国》的一段演讲：

2001 年的时候，我犯了一个错误，我告诉我的 18 位共同创业的同仁，他们只能做小组经理，而所有的副总裁都得从外面聘请。现在十年过去了，我从外面聘请的人才都走了，而我之前曾怀疑过其能力的人都成了副总裁或董事。

必须依赖并关心员工。你的员工，你的团队是唯一能够改变一切的力量。员工是帮助你实现梦想的基础。大企业总是抱怨创新过程中所碰到的问题，它们不知道如何实现目标，原因是它们没有倾听员工的意见。它们把太多的精力花在了股东身上。股东会给你很多意见，但是在执行过程中，他们却会离你而去。股东随时都在改变主意，但是你的员工却总是和你站在一起支持你。我记得 2000 年和 2001 年是最艰难的时候，当时只有一群人同我并肩作战，他们就是我的同事。他们说：马云，未来两年你不用给

我发工资，我会和公司一起坚持到最后，因为你尊重我们，因为客户需要我们。

我给大家讲个笑话吧，要是你认为你的员工都是人才，那么他们就会表现得像个人才，如果你不相信他们的能力，那么他们永远也不会变人才。2000 年的时候，在我们筹到 500 万美元的资金时，我犯过一次错误。在拥有如此巨额的资金时，我们就开始不断犯错，就是开始尽量寻找并聘请天才员工。那些所谓的 MBA 人才及跨国公司的副总裁等，因为我曾经认为，如果你能拿到 MBA，则意味着你一定是个很优秀的人才。但在我们所聘请的此类人才中，确实不尽如人意。因为他们只会不停地跟你谈策略，谈计划。那时，我还只有 500 万美元，我记得曾有个营销副总裁跟我说马云，这是下一年度营销的预算。我一看，天啊，就问道什么？要 1200 万美元？我仅有 500 万美元。他却回答我说，我做的计划从不低于 1000 万美元！所以，在聘请员工的时候，应该找最适合的，而不一定非要最天才的人才。

在你的公司还不够强大时却想要聘请高端人才，就好比将波音 747 的引擎放到拖拉机里。即使引擎放得进去，但要知道拖拉机是永远飞不起来的。我的建议就是寻找适当的人才，然后投资在他们身上，这样，只有他们成长起来时，你的公司才会一同成长发展。

我们上市的时候，公司里出了上千名百万富翁。于是我找他们聊天，我问他们，你认为什么样的人才是成功人士？为什么我们能获得这样的成功呢？为什么我们在 20 多岁的时候就能成为百万富翁呢？是因为我们特别勤奋吗？我觉得有太多比我们更勤奋的人。那么你觉得是因为我够聪明？我觉得我不够聪明。我考大学的时候，足足考了三次才被录取。总是不及格，所以我觉得我并不聪明，我也不觉得你比我聪明。

2000 年的时候，阿里巴巴请人是非常困难的。只要没什么重大的残疾，我们就用。只要会走路的，我们就用。因为那时，没人相信互联网，没人相信电子商务在中国能行得通。也没人相信会出现互联网。但这些人，因

为他们没工作，没有别的想法，所以就选择了阿里巴巴。而那些通过猎头公司请到的MBA人才，他们因为有着很好的背景，所以走出中国开始创业，结果他们失败了。这些从未进入猎头公司视野的人，他们从没想过自己创业，而是选择了阿里巴巴，5年后，我们成功了！为什么呢？因为我们能坚持自己的梦想。我们相信自己的梦想能够实现。无论你的梦想有多大，无论它前进的步伐有多小，只要坚持与它们一起成长，与公司一起成长，梦想总会成真。

2001年的时候，我又犯了一个错误，我告诉我的18位共同创业的同仁，他们只能做小组经理，而所有的副总裁都得从外面聘请。现在十年过去了，我从外面聘请的人才都走了，而我之前曾怀疑过其能力的人都成了副总裁或董事。他们现在都非常出色，因为他们相信自己的能力。所以我想告诉大家的是，多关注员工，因为他们是有家庭有梦想的人。他们不只是为了工作而工作，他们还带着他们的梦想并与你共同分享。

马云用亲身体会告诉我们，找人才的时候要找合适的人为你工作，而不一定非要最天才的人才。

找优秀的人为你工作，是冲破创业阻力的关键。组建一个好的团队，创造一个积极的氛围，带动整个企业的创业激情，一个积极向上的团队是不会轻易在困难面前低头的！

一流的人才是无价的

一流的人才主要集中在高层。只有一流的高管团队才有可能建立出一流的管理体系，只有一流的高管团队才有可能推动执行一流的管理体系。

张瑞敏主导推动了海尔优秀管理体系的建立和执行；任正非主导推动一流的管理体系必须依靠一流的管理人才才有能可建立起来、才有可能执行下去；杰克韦尔奇主导推动了GE六西格玛管理体系的建立和执行；王石主导推动了万科优秀管理体系的建立和执行。没有这些优秀的高管团队，这些公司的优秀的管理体系是不可能建立和推动执行起来的。

“我最大的成就就是发现人才，发现一大批人才；他们比大多数的CEO都要优秀。这些一流的人物在通用电气如鱼得水。”韦尔奇把这一点贯穿到了通用的日常管理之中，形成了通用电气公司在用人方面的独特理念。

在全球竞争激烈的市场中，只有在市场上领先对手的企业，才能立于不败之地。而这一切，唯有依靠公司拥有一批顶级的人才。谁是一流的人才？

杰克·韦尔奇说：“在领导岗位上，一流人才是那些拥有一个理念并能够把它强烈地、清楚地推广给他的属下，直至变成他们的理念的人。一流的领导人应有无穷的个人能量，除此之外，他还能够鼓动其他人，发现他

们中最优秀的分子。”

“恐怕没有哪个教练不想在自己的队伍中拥有最好的运动员吧？同样的，任何一个称职的企业领导都希望自己的队伍中拥有最棒的员工。”

随着通用不断取得煌辉的业绩，韦尔奇声称公司在每一个领导岗位上只保留一流的人才。

“例如，在财务部门，一流员工是那些拥有传统的审计才能，但不仅限于此种才能的人。更重要的是能够推动企业赢得市场的全面型人才——这比以前的费时、无用的预算‘训练’和数豆子的工作要重要多了。”

“在制造部门，一流人才是那些了解‘六个标准差’技术的人。他们认为存货是令人尴尬的，特别是在目前通货紧缩的环境中——他们了解如何加快资金周转、减少存货，同时更主动地为客户提供服务。”

“工程部的一流人才是那些能够理解‘六个标准差’设计方法的人。一个工程师不能只想着在实验室里‘解决问题’,还要跟上技术进步的步伐，不断地培训自己以跟上世界领先水平。

“最后，在销售部门，一流人才能够利用‘六个标准差’质量行动产生的大量消费者价值来使通用在竞争中脱颖而出，发现新的客户，并更新和拓展老客户。他们和三流员工完全不同，三流员工只会整天因循守旧地访问那些老的客户‘朋友’。”

韦尔奇的看法是：通用的企业要确保它有全球一流的人才、提供一流的产品和一流的服务。

杨绵绵一直隐藏在张瑞敏的身后。作为海尔集团总裁，已过花甲之年的杨绵绵依然敏而好学，在照顾好小家的同时，更把毕生精力的大半奉献给了海尔这个大家庭。

20年前，杨绵绵从上海“勇闯山东”，和张瑞敏一起撑起了那个快要倒闭的小厂。时至今日，杨绵绵对于海尔的那份情浓得难以化开，一如她

对自己的小家那样，温情脉脉。

实际上，在员工的眼里，杨绵绵是一个“豪爽、豁达，讲话和工作都挥洒自如，更像一个男子汉”的狠劲十足的老太太。不过，杨绵绵的好学与闯劲才是成就海尔的秘密所在。作为将帅，知识的更新必不可少，而她在这方面“有如天赋般”孜孜不倦，充满好奇之心——以至于“员工们都怀疑她到底是不是20世纪40年代生人”！58岁学会开车，花甲之年学电脑网络，甚至拿起了英语课本……

勤学之下，杨绵绵对企业管理方面积聚了独特的一套理论：一个成功的领导者应该具备“三商”，即智商——能准确地理解事情；情商——心理素质要好，要有一种积极向上的心态；韧商——要有一种百折不挠的精神，摔倒了再爬起来。她认为：“领导者光有情商和智商还不行，关键还是要有韧商，即韧性，这条最难达到。”据悉，张瑞敏的“市场链模式”其实施者就是杨绵绵。“你对她有2分的期望值，她会给你10分！”这是张瑞敏对她的评价。

已到退休之龄的她仍如高速运转的发条般充实地前行着，她说：“发展是一种瘾，我欲罢不能。”她现在面临的挑战是，如何在激烈的竞争中继续领导海尔向前走以及如何培养未来的接班人。

一流的人才是无价的。杨绵绵这种人就是一流的人才，正如张瑞敏所说——你对她有2分的期望值，她会给你10分！

摩根公司的创始人、华尔街的大富豪P•摩根，是一位敢用强过自己的人作为自己的左右手的典范，他使用萨缪尔·斯宾塞和查理斯·柯士达被传为佳话。

萨缪尔·斯宾塞生于乔治亚州，是个土生土长的南方人。他比摩根小10岁，十分精明强干。在南北战争时期，曾是南军的骑兵之一。战争结束后，斯宾塞在乔治亚大学攻读工程学。毕业后进入巴尔的摩—俄亥俄铁路工作。

由于他非凡的才能，很快就被提拔为总裁室的特别助理，在助理职位上工作不久，被破格提升为副总裁。恰巧此时，这条铁路线由于赤字濒临破产，斯宾塞接管了这条危在旦夕的铁路线的管理，可谓是“受命于危难之际”。他全心全意地经营这条铁路，终使铁路运营起死回生。随着铁路重焕新颜，他的卓越管理才能在这一过程中也得到了最充分的发挥。这一切，都被善于用人的公司财产主要接管人——摩根看在眼里。他清楚地认识到斯宾塞在经营与管理方面的过人之处，在某些方面甚至超过了自己。

对于最大爱好是发现人才、任用人才的摩根来说，他绝不会放过任何一个人才。他自然重用斯宾塞，并擢升他为总裁。而斯宾塞也没有辜负摩根的一番美意，出色地负责偿还了800万美元的债务。此后，更加博得摩根的青睐，斯宾塞最终成为了摩根的重要下属之一。

查理斯·柯士达是摩根的另一位亲信参谋。他年纪更轻，比斯宾塞还小5岁。在独立战争之前，柯士达的祖先就曾经以纽约为生意据点，经营西印度群岛的砂糖、咖啡及兰姆酒等贸易行业。自然，柯士达的血液里继承着祖先的许多优良传统。

柯士达工作兢兢业业，属于典型的勤勉型。每天早晨5点多点就起床，6点左右就出门上班了，而且一直工作到深夜，有时甚至是通宵。除了勤勉敬业的优点外，柯士达还具有花较少的钱、赚回最大利润的过人本领。这一点，尤为摩根所赏识。摩根一直在寻找机会把柯士达收于自己门下。终于一次在华普利与P·摩根共组辛迪加投资银行的时候，摩根用挖墙脚的方式把柯士达挖了过来。

柯士达归于摩根之后，得到了重用，柯士达更加敬业勤奋。有一次，柯士达接到摩根发出的“铁路摩根化”的命令，他就立即花一个月的时间，去调查这条铁路。为了全面彻底地进行调查，柯士达简直是披肝沥胆、呕心沥血。他不仅乘火车观察，甚至走下月台，静坐在飞驰而来的列车旁，彻底查看枕木与铁轨的状态。甚至，他还会开动火车头试上一试。他的这些举动都被摩根看在眼里，证明了自己不惜挖墙脚是值得的，从此之后，

更是对他倍加器重。柯士达也是全心相报摩根对自己的知遇之恩。

摩根不惜挖墙脚是值得的，因为一流的人才是无价的。

肯德基能用三流人才提供一流服务和赚一流的钱，是因为肯德基有一套非常完整和详细的管理体系。但是肯德基这套管理体系是怎么建立起来的呢？又是怎样推动执行的呢？主要依靠的是一流的管理人才，没有一流的管理人才是不可能做到的。没有一流的管理人才的主导推动，肯德基一流的管理体系不可能建立起来，同样没有一流的管理人才的推动执行，一流的管理体系也不可能落实到位。

一流的人才给公司带来一流的收益，推动公司更快更好的向前发展。每个公司都需要这样的人来管理，出谋划策，这样的人才是无价的，找到属于自己公司的一流人才，公司发展的才能更迅速更有力量。

四种方法让你留住好员工

花心思在关键人才身上，想办法留住他们，核心员工、知识丰富的工人、合伙人、技术人员或重要专家，是他们在为公司工作，令公司取得成功。

并非什么样员工都留，我们要留住那些“好”员工、称职员工。什么员工可以称之为“好”员工呢？所谓“好”员工除了应具备的必要专业技术外，还应具有敬业精神、高度责任感、较强职业忠诚度、团队精神、全局意识、公平公正职业道德等素质。这样的员工如果流失于企业，那将是一种莫大的损失。依个人喜好而任凭“好”员工随意流失的人是对企业极其不负责任的人。

我们可能已经花了很多精力、时间和金钱在留住员工这方面，但同时我们也应该注意到，最明显的也往往是最容易被人们忽略的，你有没有问过你的员工，是什么使他们继续留在公司，或者是什么使他们离开公司呢？

留住“好”员工当然要讲究一些方式方法，那是就：待遇留人、感情留人、环境留人、事业留人。

(1) 待遇留人。想留住好员工，要有待遇最底线和最基本要素。待遇并非越高就越有效，其实每个企业都应该有自己一套薪酬体系。只要这个

薪酬体系不低于行业平均水平就有一定的吸引力，但这个体系必须是相对公平公正的。私有企业讲求同工同酬。同样职务、同样岗位待遇理应相当。专业技术人员和行政管理人员待遇差距也应合情合理。否则，就会造成员工心理失衡、“走”的想法油然而生。如果一个企业还没有建立一套较为科学、合理、稳定的薪酬体系，与所有新招聘员工还在讨价还价中商定薪水的话，那将是一种隐患。

注重高级人才的使用是杜邦人事管理的核心。在新技术革命的影响下，这种管理理念已成为杜邦公司发展的保障。

目前，4000 多位杰出的科学家，在特拉华州白兰地河畔的杜邦实验室进行着创造性的工作。杜邦的工程师和化学家是分成小组工作的，每一个人可以按照自己的兴趣和爱好确定研究方向，并参加相应的研究小组。用科学家自己的话说：“在杜邦实验室很容易找到适合自己发展的地方。”这也许就是杜邦公司能够吸引人才的诀窍吧。

但就留住人才来说，杜邦采取的分散股权的形式是最突出的一点。杜邦不仅对公司的经理人员、中层管理人员分摊股票，而且允许并且鼓励普通雇员购买 10 股公司债券或股票；除利息和红利外，这些股票在五年内每年每股另加额外股息 3 美元，作为雇主对雇员的特别分配。持有股票的员工自然要比股票市场上的投机商更持久地关心杜邦未来的发展，因而工作会更努力。

在杜邦的管理中，始终对员工灌输着这样的思想：“拥有股票就是所有者，劳资天然是一家。”显然，这种做法的效益是双重的：一是用小额股票把雇员与公司连为一体，从而使雇员自觉地听从公司的指挥与安排；二是由此公司聚集起了更多的资金。从此，受其影响，“通过股票所有权”雇员就能掌握生活资料的思想遍及美国。事实上，20 世纪 30 年代，有 50 万靠工资维生的家庭有股票，但他们持有股票的数量仅占已发行股票的 0.2%，而一个杜邦家庭拥有的股票就相当于全部靠工资维生的家庭持有股

票总数的10倍。

在这种制度下，杜邦的雇员理所当然地会认识到自己也是公司的主人，相应地也就全身心地投入杜邦的事业，在很大程度上控制了人才的流失。杜邦公司的发展由此便得到了强大的动力和保障。

（2）感情留人。一个真正的用人大师，必须要有宽广的胸怀，不但要为员工创造用武之地，更要为员工的成功提供一切有利条件。汉代刘向曾说："骐骥虽疾，不遇伯乐，不致千里。"意即千里马需要伯乐慧眼识珠，人才需要用人大师以宽博的胸怀与果断的决策去拥抱！很多老板对员工总面无表情、态度苛刻。他们认为：员工受雇于我，来挣我工资，就应该死心塌地地为我服务。其实这样的老板留不住好员工，人往高处走，一旦有了合适的机会和更高待遇，"好"员工们便会毫不留恋地远走高飞。了解员工、关爱员工、重视员工需求与员工建立起感情沟通与交流渠道，促使员工由"职业忠诚"向"企业忠诚"转化才能有效地稳定员工队伍。感情投资有时比金钱投资更为有效！

苏菲是一家时装有限公司的总经理，很少有人知道如今拥有上千万元"身价"的这家时装公司是从一个手工作坊一路发展出来的。多年前，苏菲办制衣厂时，只请了两个师傅和几个打工妹，她支付的工钱不高，可苏菲为人和蔼可亲，乐意帮助人。有时员工病了，她会找车送她们看病，并为她们煎好草药，如果她们家里有困难，她也会先支付一部分工资给她们应急，所以那些身在异乡的师傅和打工妹都把她视为自己的知己和朋友，愿意为她效力，有时要加班加点也没有一句怨言，如果一时资金周转不过来，她们会让苏老板等缓过这阵子再付工资。随着生意的发展，规模不断壮大，苏菲对员工的态度却没有变化，她为员工办了生日会，还亲自去医院看望生病的职工，她很重视与员工的沟通，与她们平等相待，使手下的员工们感受到了大家庭的温暖，使公司的凝聚力大大增强了，闯出了自己的品牌。

“没有好的员工，企业就难以发展，而要吸引好的员工，让他们尽职尽责地为你工作，就需要你去尊重他们、关心他们，这就是所谓的人性化管理吧。”苏菲如此说。的确，创业时我们资金有限，不可能用优厚的工资和待遇去吸引员工，但我们可以用自己的亲和力去增强凝聚力，使员工乐意为你卖力工作，而这未必是用钱就能做到的。

(3) 环境留人。这里“环境”主要有两重含义：一指良好办公环境，一是和谐人际环境。良好办公环境包括完善硬件设施和适宜卫生条件，在这样环境里当然能令人心旷神怡，有助于提高工作效率。和谐人际环境指同事间团结、互助、协作、热情、友爱人际氛围，这样人际氛围能够让新员工很快融入团队产生归属感，从而激发其工作热情继而有效地开展工作。有两种情况不利于这种和谐人际环境形成：①企业中家族成员越权干涉；②一些貌似忠诚者“小报告”，它们往往会搅乱企业正常秩序，造成员工之间相互猜忌、人人自危从而产生推脱责任。如果是这样的环境，好员工们会重择良木而栖，不会在这里委曲求全了。

对员工和助手进行鼓励和培养，通常要创造一个环境让他们往上发展，这样反过来会产生更大动力推动企业的发展。罗宾·休斯顿说：“通常，我们总是努力发掘人的才能，并对其进行提升。我们开办了更多的宾馆，其中的一点益处就是有更多的机会可以晋升员工。其实，只要你停下来花五分钟的时间对员工们正在做的事情表现出一些兴趣，他们就会因此而备受鼓舞。当时在萨瓦区举行的侍者领班的年赛中，我们宾馆的一个年轻人得了第三名。他知道我很忙，但是我仍然抽出几小时的时间去支持他比赛，单这一点就令他以后几个星期都精神鼓舞。”

(4) 事业留人。这是留人理念的最高境界，在企业中难能可贵。有这样一少部分员工们把工作并非简单地看做一种谋生手段，而愿意通过工作来丰富人生、提升能力、成就自我、实现个人价值。这样员工是企业最大

财富创造条件，让这类员工在企业里大显身手、施展才华是他们最需要的，实施培训提高他们的能力也是留住他们所必需的方法！

培训是一种投资，而且是企业最有价值的投资。据美国教育机构统计，每1美元培训费可以在3年内实现30美元的生产收益。培训还是一种双赢投资，即培训不仅通过员工自觉性、积极性、创造性的提高而增加企业产出的效率和价值使企业受益，而且增强员工自身的素质和能力，使员工受益。培训是企业送给员工的最佳礼物。

然而，不少国内企业的管理者在积极培训人才的同时也有这样一个顾虑：培训后，员工不安心本职工作，说不定会跳槽到别的公司，甚至跳槽到竞争对手那里。其实，情况恰恰相反，如果企业重视培训，真诚地与员工交流，并使他们感受到被重用，那么，他们就不会离开。正如凯斯通公司的查克·麦克高文所言："你越培训员工，他们就越能出业绩，业绩越好，他们就越想留下来。"

戴维·兰多建议说："不要停止询问你的下属他们在公司的生活如何；不要停止询问那些看似从事卑微工作的人是否快乐，是否受到良好的对待，工资是否还满意，他们所从事的工作是否是他们引以为荣的。不断地询问和关怀就是对员工无形的激励。"

当下次你的优秀员工提出的要求你无法满足时，你可以按照以下四个步骤来回应：

①重申你对他们的重视。

②如实告诉他们如果满足他们要求你所要面临的障碍。

③表示你会非常重视和研究他们的要求，而且愿意为他们积极出力。

④并询问："还有其他要求吗？"

吉姆·古德奈特现年67岁，是北卡罗莱纳州本地人。赛仕软件的总部就在州首府罗利的郊外，有4000多人在此任职，另有7000名员工散布在世界各地。

赛仕现实上是1976年成立的北卡罗来纳州立大学隶属企业，该公司不断是日益时髦的商业“剖析”范畴的先驱。这不只触及搜集信息，还触及处置信息及从中发现价值。

他是在前往达沃斯世界经济论坛（WorldEconomicForum）时途经伦敦的，在该论坛他已然是常客了。但他的商业视角与那些运营上市公司的首席执行官们未必一样。古德奈特不用烦心冗杂的季度报告，也不用烦心为永远缺乏耐烦的华尔街提供数据。

赛仕异乎寻常。“一年前，我通知大家我们不会裁员，现实上我们的利润也许会遭到一点冲击，但这没关系，”他说，“我不在乎这些，因为我更情愿保住大家的任务。我以为每个体都对此铭刻在心，他们愈加努力地任务，节省资金，削弱开支，努力获取更多收获，现实上，去年我们最终完成了2.2%的增长。这是我们有史以来第二或第三个赢利最高的年份……我总是说，假如你把员工当成能发扬重要作用的人来看待，那他们就会起到重要作用。”

赛仕公司总部的任务津贴和福利相当之高。医疗、儿童看护、运动与健身中心、按摩、食物、美发和每周35小时任务制——这些都是职工福利的组成局部。但也有缺乏之处：这家私营企业不能向员工提供股票期权，也不是行业中薪水最高的企业。但赛仕却是一家员工活动率很低的成功企业。大多半员工似乎都对这一旨在使任务生活更为轻松的待遇十分称心。正是这些软件编程人员反来这边又令赛仕的客户感到称心。

“对家庭问题极度担忧的人往往不会有很高的任务效率，”他解释说，“因而我们的目的是，尽可能消弭他们生活中的压力……一切这些都有也许让人们的生活略微轻松一点点。”

“最少是在编程范畴，我过去目击过在任务上消耗太多工夫的结果。你最终会在夜里编出一大堆愚笨的东西，不得不在第二天花上半天道间肃清洁净。我过了5点就会赶快回家，在家过夜，然后第二天早上精神焕发地回去任务。我本人就那样做过，晓得熬夜编程的效果真的很差。”

当别的老板都在不时向员工施压，要求进步消费力，“少投入多产出”之际，古德奈特的论调是相当引人注目。他真的以为没必要挥舞鞭子吗？“他们不需求我通知他们，”他说，“他们可以看到本人的好友和其别人正丢失任务。我以为每个体都很明白经济现状，他们拥有一份任务现实上是很有幸的。他们都有逾越本身的表现。我们的研发部门积压了大约两年的任务，因而从研发部门裁人的念头几乎不可思议。”

那么能否基本没有制裁呢？“不裁员并不意味着你不会被辞退！”他供认。但这种状况每年只会发作在大约2%的员工身上。

“我以为对首席执行官来说，能在任何希望的时辰与公司里的任何人交谈极端重要，”他说，“我过去有一位经理，一位新经理，我看到了一些产品，我想指出有更好的方式，我可以建议他的团队去参考一篇论文，里头通知了他们怎样才干做得更好。我那么做了，然后那个经理打电话给我说：‘能不能请你经过我与我的员工交流？’我说：‘我百分之百不会那么做！’”

“假如你身边只是本人的一群经理，而他们是你唯一可以交流的对象，那么在很多时分，你只能听到本人希望听的内容，而不是真相。你必须得有那么一些人，你晓得你可以在午餐排队时和他们聊天，在电梯里和他们聊天。”

他似乎看任何事情都十分透彻，但古德奈特并不以为本人一向正确。“由于全部任务我都让他人去做了，我没有很多事要做。我雇了优秀的人员，让他们用自己的头脑考虑。”

“当我感到我不能做好任务时，我会辞退本人。”

有些老板和企业高管们总把“三条腿的蛤蟆不好找，两条腿的人到处都是”挂在嘴边，人走了还可以再招。存在这种思想的企业不会有吸引力和凝聚力，更不要期待会有什么忠诚员工了。老板与员工之间只一种简单出卖劳动力和雇用劳动力关系，这样的企业迟早都会成一盘散沙！国外一

些企业把员工看做企业的主人，把雇员当做合作伙伴。因为他们已经意识到员工才是企业发展动力和源泉，于是他们愈加重视员工、关注人性，更加注重激发员工潜能。这确实值得中国老板们去思考、去学习也值得中国企业去模仿和借鉴。

在企业最困难的时候，抛弃你的往往是股东，坚持跟随你的是员工，对你寄予厚望的是客户。请记住，是客户付你钱，员工为你创造价值，他们才是最大的财富。如果你没能改变员工的生活，并通过员工去影响客户、帮助客户，你就只是一台赚钱机器，迟早会后悔。

与人竞争不如与人合作

从前，有两个饥饿的人得到了一位长者的恩赐：一根鱼竿和一篓鲜活硕大的鱼。

其中，一个人要了一篓鱼，另一个人要了一根鱼竿，于是他们分道扬镳了。得到鱼的人原地就用干柴搭起篝火煮起了鱼，他狼吞虎咽，还没有品出鲜鱼的肉香，转瞬间，连鱼带汤就被他吃了个精光，不久，他便饿死在空空的鱼篓旁。另一个人则提着鱼竿继续忍饥挨饿，一步步艰难地向海边走去，可当他已经看到不远处那片蔚蓝色的海洋时，他浑身的最后一点力气也使完了，只能眼巴巴地带着无尽的遗憾撒手人间。

又有两个饥饿的人，他们同样得到了长者恩赐的一根鱼竿和一篓鱼。只是他们并没有各奔东西，而是商定共同去找寻大海，他俩每次只煮一条鱼，他们经过遥远的跋涉，来到了海边，从此，两人开始了捕鱼为生的日子，几年后，他们盖起了房子，有了各自的家庭，有了自己建造的渔船，过上了幸福安康的生活。

一个人只顾眼前的利益，那他得到的只是短暂的欢愉。一个人目标高远，但也要面对现实的生活。只有把理想和现实有机结合起来，才有成功

的可能性。协作让成功更有可能。

成功的人善于合作，因为谁都不可能是一座孤岛。日本人流行一句话：一个中国人可以干得过一个日本人，但三个中国人却干不过三个日本人。这话虽然是说中国人有个人竞争和成功的能力，但是不善于集体协作。就拿国家男篮、男足等队来说：论高度，我们比日韩队员高得多；论集训时间，我们也在他们之上。为什么在一些关键的比赛上，我们却往往输给日韩呢？重要原因之一是他们发挥了合作精神，合作得比我们好。

无论做什么事，对于善于合作的人来说，都可以在双方共同的努力下取得成功。而竞争却存在着许多问题，容易引起人际关系的恶化，使人变得更自私、更狭隘。也使许多人感受到巨大压力，无所适从，甚至产生较为严重的心理失常。因此，合作比竞争更重要，更能使文明进步。

众所周知，蒙牛是当今中国乳业市场上的龙头之一，但恐怕很少有人知道，在蒙牛成立之初，中国乳业市场已经基本被伊利、光明、三元等前辈们瓜分完毕了。明智的是，蒙牛并没有急于向任何一位前辈发起有针对性的攻势，而是放低姿态，以新人的姿态积极向前辈学习。

尤其是针对伊利，蒙牛更是提出了“向伊利老大哥学习”的口号，积极争取与伊利合作的机会，利用将呼和浩特建为“中国乳都”的机会，赢得良好的口碑，从而成功地在乳业市场站稳脚跟。

和蒙牛一样，在市场营销的过程中，企业尤其是中小企业要正确看待自己和竞争对手的关系：竞争对手既是打击的对象，更是合作的对象。

就合作而言，企业和竞争者的合作主要表现在以下方面：

(1) 通过技术合作建立行业标准。对企业来说，和实力相当的竞争者合作，通过技术互补建立行业标准，不仅能够提高行业进入壁垒，有效阻击其他竞争者，还有助于将来抵御实力雄厚的外资企业的入侵。

华帝和万家乐都是燃气灶具生产企业中的佼佼者，双方结成“万华联盟”，共同推广“强排热水器”的标准。在“万华联盟”的影响下，直接促成了行业新标准的制定和推广，热水器产品迅速升级换代，燃气热水器的行业秩序和产业结构得到合理的调整。与此同时，也巩固了华帝、万家乐在市场中的地位，极大地扩大了双方的市场占有率。

(2) 整合资源，共享渠道、市场等。

2000 年，国内最大的制冷企业科龙集团与国内最大的洗衣机生产企业小天鹅集团签署战略联盟协议，双方将在电子商务等多个领域进行广泛合作。拿科龙与小天鹅的战略联盟来说，双方都是各自行业内的排头兵，其产品有着很强的互补性；在销售渠道以及生产场地的分布上，各自拥有区域优势；在管理理念上，双方都十分注重股东利益、财务管理以及经营结果。有了这些基础之后，双方确定了四个方面的合作：一是共同投资推进电子商务的开展。二是发挥各自产品优势，相互进行 OEM / ODM 方式的合作，并利各自庞大的销售能力和渠道，消化对方的优秀产品，以充分发挥双方的生产能力，获得更大的成本优势。三是共同开发出口业务，包括合作设立海外销售基地，以增强双方的国际竞争能力。四是共同探讨股份多元化问题，使双方的合作在未来有更加强韧的纽带。

在当今的商业社会中，“团队合作”是一个令人热血沸腾的词组，它意味着激情与共同创造。

洛克菲勒在事业开始之初，财力、物力、人力都十分有限，他梦想垄断炼油和销售，可他根本不是亚利加尼德集团等其他石油公司的对手。颇有心计的佛拉格勒——洛克菲勒的同伙向洛克菲勒提议：“原料产地的石油公司在需要的时候才用铁路，不需要的时候就置之不理，变化不定，因

此铁路上经常无生意可做，一旦我们与铁路公司订下合约，每天固定运输多少油，他们一定会给我们打折扣。这打折扣的秘密只有我们和铁路公司知道，这样的话，别的公司便无法在这场运价竞争中获取利润，我们便会控制整个石油产业。”

洛克菲勒于是将凡德毕特纳入合作对象，后者是铁路霸主之一，是个贪得无厌的家伙。双方最后达成了这样的协议：洛克菲勒以每天订60辆车合同的条件换取每桶让7分的利润。运费是足够低廉的，因此销售价便得以下调，从而促进了销路的迅速拓宽和发展。这为洛克菲勒的公司成为世界最大的集团经营企业创造了决定性的条件。

洛克菲勒无疑是明智的。身为弱者，如果和亚利加尼德集团直面竞争，必然弱肉强食，他避开这场残酷的商场厮杀，巧妙地借助第三者铁路霸主的力量，利用运价的低廉迅速在运输上占据上风，然后一步步挤垮同行，实现了小鱼吃大鱼、垄断石油经济的愿望。

赵且伐燕，苏代为燕谓惠王曰：“今者臣来，过易水，蚌方出曝，而鹬啄其肉，蚌合而箝其喙。鹬曰：‘今日不雨，明日不雨，即有死蚌！’蚌亦谓鹬曰：‘今日不出，明日不出，即有死鹬！’两者不肯相舍。渔者得而并擒之。今赵且伐燕，燕赵久相支，以弊大众。臣恐强秦之为渔父也。故愿王熟计之也。”惠王曰：“善！”乃止。

“鹬蚌相争，渔翁得利”，千百年来已为大家所熟知。这个故事说明：同志之间、朋友之间，应当团结互助，而不应当勾心斗角，要看清和对付共同的敌人。否则，就会造成可乘之机，让敌人钻了空子，彼此都遭受灾难。

既要竞争，又要协作是打好团体战的关键，如果一个人一味强调个人的能力，靠不正当的竞争手段来体现自身价值，只能增加矛盾，使自己处于困境。只有竞争，没有合作是形不成合力的，靠一个人的力量是达不到

团体目标的，奋斗不只是一个人的奋斗，而是需要集体的努力，更要使每一个团体成员都能感受到在激烈的市场竞争中闭体所承受的压力，引导员工目标向外，放弃内耗，团结起来，勇夺团体冠军。

几千年来，犹太人经历了第二次世界大战种族灭绝的大灾难，但犹太民族总能以异常团结的力量逃过一次又一次的磨难，建立起属于犹太王国的巨额财富。犹太人的集体精神与团队合作意识，是他们称霸财富世界的根基。

弗兰克、爱因斯坦、玻尔、赫兹一度曾是要好的朋友和论敌，正是这几个犹太人推动了整个人类的科学进步；西拉德、爱因斯坦、奥本海默、特勒也曾是要好的朋友，正是这四个人的共同努力，才制造出了世界上的原子弹和氢弹；萨尔诺夫、迈耶、佩利、格雷厄姆等曾是最要好的朋友和生意对手，彼此在友谊和竞争中发财；美国好莱坞的巨头高德温、梅耶、派拉蒙公司等五大电影公司，都是犹太人的公司，正是这几个犹太人之间的分分合合，垄断了整个美国好莱坞……

在犹太人的心目中，个人的智慧总是微弱的，只有集体的智慧才能发挥巨大的能量，抱团式的发展进取模式已经成为了犹太人的标志。

与人竞争不如与人合作，学习犹太人吧，没有什么事情是需要单枪匹马去完成的，合作往往比竞争带来的长远利益更好。

世界上没有完美的人，只有完美的团队

生意很小的时候，一个人说了算，随着业务量的增长、人员的增加，创业者一定要转换自己的角色，要善于用组织的力量达到目标，因为一个人的能力太有限了。

选择了高山，就选择了坎坷；选择了宁静，就选择了孤单；选择了机遇，就选择了风险；选择了成功，就选择了磨难；选择了共同成功，也就选择了一生一世的朋友和财富！

一个董事长自己不会销售，没有关系，他聘请顶尖行销代表来销售；自己不会研发产品，它可以去代理别人的产品来研发；自己打不过竞争对手，那就坐在他的车子上跟他一起走——透过策略联盟。成功的方法事实上有很多种，但是有一个完美的团队是非常重要的事情。

英国科学家做过一个有趣的实验，他们把一盘点燃的蚊香放进一个蚁巢里。

蚊香的火光与烟雾使惊恐的蚂蚁乱作一团，但片刻之后，蚁群开始镇定起来了，有蚂蚁向火光冲去，并向燃烧的蚊香喷出蚁酸。随即，越来越多的蚂蚁冲向火光，喷出蚁酸。一只小小的蚂蚁喷出的蚁酸是有限的，因此，

许多冲锋的“勇士”葬身在了火光中。但更多的蚂蚁踏着死去蚂蚁的尸身冲向了火光。过了不到一分钟的时间，蚊香的火被扑灭了。在这场灾难中存活下来的蚂蚁们立即将献身火海的“战友”的尸体转运到附近的空地摆放好，在上面盖上一层薄土，以示安葬和哀悼。

过了一个月，这位科学家又将一支点燃的蜡烛放进了上次实验的那个蚁巢里。面对更大的火情，蚁群并没有慌乱，而是在以自己的方式迅速传递信息之后，开始有条不紊地调兵遣将。大家协同作战，不到一分钟烛火即被扑灭，而蚂蚁们几乎无一死亡。科学家对弱小的蚂蚁面临灭顶之灾所创造出的奇迹惊叹不已。

其实，蚂蚁的成功就是来自于它们的团队精神。对于蚂蚁这样一个弱小的物种来说，任何一个个体面对类似的灾难都是无能为力的。甚至是一个数量很大的蚂蚁群体，在无组织、无秩序的情况下来应对这样的灾难，其结果也只能是全军覆没。可蚂蚁恰恰是一种组织性、秩序性很强的物种，它们依据自己的规则和方式，组成一个战斗力极强的群体，以应对生存过程中的一切事务。这正是蚂蚁这个弱小的物种之所以能在时时存在着各种天灾人祸的环境中得以存在和繁衍的关键。

这种有组织、有秩序的群体就是团队。

联合起来就可以战胜困难，就能像行军蚁一样把阻挡在眼前的一切障碍都消灭掉。

一个优秀的团队是一个协调的整体而不是一群人机械的组合。它和群体是不同的，一个真正的团队会围绕共同目标努力奋斗，其成员之间的行为相互依存，相互影响，并且能很好地合作。

员工不团结，整个单位就会像一盘散沙。想象一下我们有十个一流的乐手，每个人在自己的乐器上都有自己高深的成就，现在让十个人在同一个房间里，没有乐谱，没有指挥，每人弹自己最拿手的乐曲，大家能想象出是一个什么场面吗？

通用电气公司是一家有着一百多年历史的世界级企业。在2000年《财富》杂志评选的世界500强中排名第9位。连续多年在联合国贸发会议评选的世界100家跨国公司中名列第一。1997年通用电气公司的海外资产高达974亿美元。在人们的印象中，通用电气公司是一家“巨型企业”。这样一家公司是如何打造它的团队精神的呢?

1981年，新总裁杰克·韦尔奇开始就任时，通用电气公司创下连续10年的良好业绩。然而，韦尔奇已明显感觉到公司隐藏着潜在的危机。“在被迫改变之前，要主动改变自己”成为韦尔奇的价值观。韦尔奇意识到全球竞争及全球市场时代即将来临，他促使通用电气公司在20世纪80年代进行了重组。对那在全球市场上没能占据前几位的公司，通过出售、关闭或重组的方法进行大规模的变动。同时收购、兼并一批公司，从而保持了通用电气公司的稳步发展。

韦尔奇总在强调要统一认识公司的价值观：

第一，要创造一个清楚、简捷、具真实性、以顾客为中心的长远目标，并且能够直接与所有的客户沟通。第二，要清楚自己负担的责任和任务，且具果断性；制定与达成具有挑战性的目标，随时保持正直诚实的心。要建立自信心并授权给他人，采取一种无障碍的行事风格；相信且致力于“合力促进”，并将它作为授权的一种手段；随时随地包容人们的意见，拒绝官僚作风。第四，要培养全球观和敏感度，且有充分的能力建立多元化的全球性小组。第五，要刺激变革且热衷于改革，不要害怕改变，硬是变革为一种机会而不是一种威胁。重要的一点，就是拥有充沛的精力，且有能力来激励和提高他人的士气；了解速度是竞争的优势，且明白速度创造利益。只要拥有了这样的团队，公司就能在各种商业激流中永远立于潮头，而不至于被淹没。

韦尔奇也曾因此为荣：我们这样的精良团队，就像一支精锐的部队，在商业的任何潮流中，都是最优秀的。

团队最终追求的是整体的合力、凝聚力和最佳的整体效益，所以必须有以大局为重的全局观念，不斤斤计较个人利益，自觉地为增强团队整体效益作出贡献。成员之间在不断地进行着互动交流，从而对他们创造业绩的能力产生巨大影响。在一个高效团队中，不同的成员发挥着不同的作用：领导者指明方向，追随者实施完成，反对者进行纠正，旁观者则提出全面看法。

每个人所得利益多少，取决于团体取得多大的成功。只有大家团结一致、相互配合，才能演奏和谐的乐章，推动我们的事业不断向前发展。

《西游记》告诉我们一个主题，那就是一个人只有通过一个共同的事业组成一个团队，用集体的力量和智慧来弥补每个人的缺陷和不足，才能成就事业，最终实现个人的价值；孙悟空的故事告诉我们，一个缺乏事业的激情是盲目的，只有当我们有了明确的事业，在事业中学会了做人，自然就会懂得如何与人为善，如何以共同的目标建立相互信任的关系，战胜困难的过程，就是战胜自我的过程，就是成长的过程，也是实现事业目标的过程。

适当授权

管理功用的精髓在于知人善任。

授权，是一门艺术，需要管理者很好地把握分寸，来保证正确授权和合理的遥控。否则，很容易走入授权的误区。而且应验了——为何没有一开始就做对。许多企业常常出现的授权问题：

（1）随意式授权。有些管理者往往不能根据客观工作任务的性质，对被授权人所具备的实际能力、知识水平等进行慎重地考核，以个人好恶取人，以与自己的亲疏程度选人，或者从平衡组织内派系出发挑选授权人。这些很容易造成用人不当，给公司带来损失。

（2）含糊授权。这类管理者在向下属授权时总是不明不白的，对于给下属什么权力、给多大的权力等需要非常明确的问题从不讲清楚，这使得下属未能了解授权人的真正意图，就去开展工作；有的管理者在授权时总是放心不下，对下属有疑心，经常干涉被授权者，结果搞得下级很被动；还有的管理者授予下级的权力与下属所负的责任极不相称，使下属面临“责大于权”的状况。

（3）越级授权。管理者把中间层的权力直接授给下属，会造成中间领导层工作上的被动，不但扣杀他们的负责精神，而且有架空的可能，久而

久之，会形成“中层情结”，出现中层管理不力的情况，管理者要采取机构调整或者人员任免的办法解决中层的问题。因此，授权只能逐级下授，切不可越级授权。

(4) 授权推卸。管理者完成工作指派与授权后，仍然要对下属所履行的工作成效负全部责任。当下属无法做好指派的工作时，管理者将要承担其后果。可是，有些管理者企业将责任推卸到下属身上，这种做法显然是不对的。每一位管理者应保持这样的心态：“权力可授予，但责任却无可推托。”

(5) 部分授权。要放弃部分控制管理权，但是正如本·弗恩所指出的：“你不可能自己做所有事情，必须意识到，事情并不总是完全照你想象的那样发展。”开办公司五年以后，他仍然认为他自己要亲身实践。他说：“我做事深入缜密、仔细周到。我大部分时间都待在办公室里，这使得权力的下放有些困难——尽管近距离的关注对正在进行的工作也很重要。至今，有一些顾客我还是亲自和他们打交道，因为……他们信任我。”这样做对他来说是正确的。

但是有些管理者认为自己执行了授权的工作，但实际他们分授的只是部分职责，而非权力。也有的主管会分授少量的权力，用以处理一些较不重要的琐事。他们把真正的权力掌握住不放，却还一直奇怪，为什么这样的“授权”效果并不良好。

(6) 不完全授权。许多管理者不愿把自己的权力交给别人。有些人虽然把权力转交给下属，但也增加了许多限制，这使失去授权的真正意义了。当管理者把权力分授出去的时候，并不意味着已经放弃了权力，他们仍然掌有自己的权力，而且他们仍须为分授出去的权力负责，就像硬币两面一样，责任通常是权力的一面。

(7) 担心授权。管理人不愿意授权的另一理由是：缺乏自信，他们担心属下的表现会比自己更好，而且会危及自己的现有职位。对这种类型的管理者必须帮助他们建立信心，否则，有朝一日会正如他们所恐惧的——

保不住自己的职位了。比较严重的问题是，有些管理者迷恋自己的权力，因此不愿把权力分授出去，这就是说，若是由别人作决策，这类型的管理者便不愿为他们负担责任。

三十年前，邢李原是ESPRIT的代理商；三十年后，他回头买下美国ESPRIT，成为全球前五百大富豪。只有高中学历的他，如今已是香港与伦敦上市公司的负责人……

在企业的国际化布局中，买得起公司，也要能找到好的人才，邢李原找到的千里马是捷克裔的德国人克罗讷（HeinzKrogner），邢李原从一家德国纺织公司网罗到克罗讷担任ESPRIT欧洲总裁后，欧洲业务成长四倍，如今，欧洲成为ESPRIT全球业务的重心，2009年就有84%业绩来自欧洲，其中，德国占比高达53%。

2002年，邢李原干脆让出执行长位子，由克罗讷担任执行长。他对克罗讷说："你是我唯一的选择！"克罗讷也充满自信且毫不谦虚地说："完全正确！"

而克罗讷也没有让邢李原失望，2002～2003年ESPRIT的营收逼近港币124亿元，获利也近港币12亿元，成长率分别达到34%及28%。

邢李原创建一支国际团队，除了克罗讷以外，ESPRIT的财务长是华裔加拿大人、全球零售业务由美国人负责、形象总监是新加坡人、批发业务由德国人担纲。

邢李原对手下的强将毫不吝啬，克罗讷在2002年，加上认股权证的年收入将近港币1.6亿元。62岁的克罗讷因而成为香港新一代的"打工皇帝"。

把事业提升到国际格局之外，邢李原带人也有一套，他充分授权。负责ESPRIT亚太区批发业务的Chibber Surinder接受香港媒体访问时就说，邢李原放权的程度是：二十多年来连支票也不签。邢李原也多次指出，要吸引人才，必须让人才有发挥空间，因此，他强调"唯亲不用"，不但不

想让下一代接掌事业，也不让亲戚进公司工作。

邢李原有一套属于自己的授权法则，他能充分授权，知人善任，这就促成了他的事业发展。

(8) 授权失当。一些管理者盲目地把权力授给无法胜任工作的人，这是失败的管理工作，真正的授权当然是要找一个具有能力、而又能行事负责的人，否则便是用错人了。

(9) 不愿授权。有些管理者因担心下属锋芒毕露，或“声威震主”而不愿意授权。但是从另一角度看，下属良好的工作表现则可以反映出管理者的知人善任与领导有方，所以管理者功不可没。只有领导力薄弱的管理者在授权之后才会丧失控制。在授权的时候，倘若管理者划定明确的授权范围，注意权责相称，并建立追踪制度，就不必担心了。

(10) 找不着授权。

①管理者大致都能了解授权的好处，但是他们却多半视授权为权宜之策。其原因如下：担心下属做错事、担心下属工作表现太好、担心丧失对下属的控制、不愿意放弃得心应手的工作、找不到适当的下属授权。

②担心下属做错事的管理者，内心里所真正担心的，恐怕不是下属做错事本身，而是怕被下属做错事所连累。这类管理者一方面对下属欠缺信心，另一方面又不愿意为下属受过，所以犹如唱独角戏那样凡事亲历亲为。固然下属难免做错事，但若管理者能给予适当的训练与培养，做错事的可能性必然会减少。授权既然是一种在职训练，管理者便不能因怕下属做错事而不予训练，反而更应提供充分的训练机会以避免下属做错事。

③基于惯性或惰性，许多管理者往往不愿将得心应手的工作授权下属履行，有许多管理者基于“自己做比去教导下属做更省事”的理由而拒绝授权。这两类管理者的共同缺陷，是将他们有限的时间和精力，浪费在他们本来可以不必理会的工作上，而使需要经由他们处理的事务无法获得应有的重视。

要使授权显得有意义，管理者的这层心理障碍必须要先克服。“找不到适当的下属授权”常被一些管理者当成不愿授权的借口，任何下属都具有某一程度的可塑性。就算真的找不到一位可以授权的下属，仍是管理者的过失，倘若员工的招聘、培训与考核工作做得不差，又何愁没有人选呢？

一个优秀的创业者，应该懂得下放权力。作为一个创业者，是不可能做到事事亲为、面面俱到的，善于利用得力助手的智慧，协助你将事务处理完美，才是创业者的高明之处。这次尝试，使得米勒的潜能得以充分发挥，并大幅度增加了自己，而盖蒂的收入更是呈几何级数增长。同时，盖蒂也探索出了一条用人之道，可谓一举多得。懂得授权，能调动员工的积极性。

巨大的财富通常是有眼光的人才同多才多艺的智者通力合作的结果，真的赚钱高手通常是善于利用别人的能力赚钱的人。凡事亲力亲为只会分散你的精力，使你无法对全局作出判断。学会授权，而不是什么事情都亲自去做。因为你不可能是位全才，要学会不纠缠鸡毛蒜皮的小事。

企业高级管理层应当适当放权，一方面让员工感到自己是企业的重要组成部分；另一方面培养员工处理问题的能力，在问题刚出现时能够立即给出恰当决策，并立即行动。所以，管理者一旦授权，就应给予下属充分的信任，给他工作上最大的自由度，包括给他做具体事情的决策的权力。学会授权，只有培养更多的智能员工，才能使事业蓬勃发展；想将事业做大，仅靠一个人的力量是远远不够的。

授权之后要监督

魏文王问名医扁鹊说："你们家兄弟三人，都精于医术，到底哪一位最好呢？"扁鹊答说："长兄最好，中兄次之，我最差。"文王再问："那么为什么你最出名呢？"扁鹊答说："我长兄治病，是治病于病情发作之前。由于一般人不知道他事先能铲除病因，所以他的名气无法传出去，只有我们家的人才知道。我中兄治病，是治病于病情初起之时。一般人以为他只能治轻微的小病，所以他的名气只及于本乡里。而我扁鹊治病，是治病于病情严重之时。一般人都看到我在经脉上穿针管来放血、在皮肤上敷药等大手术，所以以为我的医术高明，名气因此响遍全国。"文王说："你说得好极了。"

事后控制不如事中控制，事中控制不如事前控制，可惜大多数的企业管理者均未能体认到这一点，等到错误的决策造成了重大的损失才寻求弥补，有时是亡羊补牢，为时已晚。

事后控制不如事中控制，事中控制不如事前控制，正确和适合的授权和控制是管理者应很好修炼的一门功课。当管理者把权力分授出去的时候，并不意味着自己已经放弃了权力，他们仍然掌有自己的权力，而且他们仍须为分授出去的权力负责。

建立适当的控制。因为任何管理人员不可能放弃其职责，所以授权时必须有办法确保权力得到恰当使用。但如果控制不是去干预授权，那么控制必须是比较概括的，并且目的是可以看出偏离计划的现象，而不是干预下级的日常行动。老板不能包办代替员工要做的事情，也不能做“甩手将军”一推了之，而是要时刻员工的动态，事情的进展，帮他们出谋划策，做好幕后工作者。

保罗·盖蒂一向注重通过有效地指挥下属工作来达成任务。一次，一个名叫乔治·米勒的先生被保罗·盖蒂派去勘测洛杉矶郊外的一个油田。米勒先生是著名的管理人才，对石油行业很在行，而且诚实、勤奋，管理企业也有一套。对于这样的优秀人才，保罗·盖蒂总是委以重任，给予他很大的信任和精神上的支持。

为了考察米勒的真正本领，保罗·盖蒂在米勒到岗后一个星期到洛杉矶郊外的油田去视察，结果发现那里的面貌没有多大变化，仍然存在不少浪费及管理不善的现象。比如，员工和机器均有闲置现象，工作进度比较慢。另外，他还了解到米勒下工地的时间很少，整天待在办公室里。因此，该油田的利润并没有提高。针对这些状况，盖蒂要求米勒提出改进的措施。

一个月后，盖蒂又突然到那里去检查，改进还是不大，盖蒂认为有必要找米勒谈谈。盖蒂在米勒办公室坐下，尽管他没有板起脸孔，但还是严厉地说：“我是如此信任你，可是你做的是什么呢？我每次来到这里不会太久，总能发现有许多地方可以减少浪费，提高产量和增加利润，而你却整天坐在这里无动于衷。”

米勒说出了他的顾虑和想法：“那是您的油田，油田上的一切都跟您有切身关系，所以您有如此锐利的眼光，能看出一切问题来。”米勒的回答大大震动了盖蒂，问题的症结也由此找到了。于是他决定给予米勒更大的自主性，并将其做事的动机与利润挂钩。第三次去油田，盖蒂直截了当地对米勒说：“我打算把这片油田交给你，从今天起我不付给你工薪，而

付给你油田利润的百分比。这正如你所明白的，油田愈有效率，利润当然愈高，那么你的收入也愈多。你同意这个做法吗？”

米勒思索一番，觉得盖蒂这一做法对自己虽然是个压力和挑战，但亦是一个展示自己才干和谋求发展的机会，于是欣然接受了。从那一天起，洛杉矶郊外油田的面貌一天天地改观了。由于油田的盈亏与米勒的收入有切身的关系，他对这里的一切运作都精打细算，对员工严加管理。他把多余的人员遣散了，使闲置的机械工具发挥最大的效用，把整个油田的作业进行一环扣一环的安排和调整，减少了人力和物力的浪费。他改变了过去那种长期坐在办公室看报表的管理办法，几乎每天都到工地检查和督促工作。

两个月后，盖蒂又一次去洛杉矶郊外油田，他想看看米勒在自己的这次大胆用人改革尝试后的表现如何。这次，他高兴极了，这里没有浪费的现象了，相反，这里的产量和利润都大幅度增长了。

要学会放权，而且放权之后要懂得监督。如果盖蒂没有去监督米勒，他就找不出问题的所在，也不会选择全部放权。监督是督促他人积极上进的好办法。

授完权之后还要监督和领导。我们很多时候授权之后就不管了，就相当于弃权了。授权不等于弃权，管理者在权力授出之后，还必须加强对下属的检查和协调工作，以观察下属能否正确使用所授予的权力。管理者只要能掌握一套强有力的检查控制系统，运用行之有效的检查控制方法，就能保证下属各司其职，各尽其责，使各项工作得以高效地开展。

海尔集团总裁张瑞敏喜欢授权管理，习惯只思路，具体细化则由下面的人去做。海尔各部均独立运作，集用只管各部一把手。集团先任命一把手，由一把手提名组建领导班子后，集团再任命副职和部委委员。一切配备完毕后，只有资金调配、质量论证、项目投资、技术改造这些大事由集

团统一规划，其余各部由各部自管。

对于授权管理，各部部长已经非常习惯。由于集团已经有了管理“模块”，方方面面的管理规程很完备详细，只要认真领会，再联系自己的实际适度发挥，各事业部都容易掌握。张瑞敏对他下面的几大公司的年轻老总那样放心，一年几亿甚至十几亿的资金就在他们手上过。

充分授权之后，张瑞敏有了充足的时间来考虑战略层次的问题。为了保证放权后的工作质量，张瑞敏设立了严格的监督制度，以实现权力与责任的统一。

没有强有力的监督，放权就变成“放羊”。张瑞敏认为必要的监督、制约是一种对下属的爱护和关心，授权本身就带有监督的意味，上级委授给下属一定的权力，使下属在一定的监督之下有相当的自主权和行动权。授权者对于被授权者有指挥和监督之权，被授权者对授权者负有报告和完成任务的责任。张瑞敏明确地提出要确立监督机制，特别强调两点原则：一是各法人要自律，必须有非常严格的自我约束；二是要有控制体系。海尔的中层干部考评由各公司负责实施，并在办公大楼比较醒目的地方公布考评结果；各公司负责人的考核则本着公正、公平、公开的原则由集团负责。

张瑞敏的放权是与责任绑在一起的，从管理者到员工都有自己的权力和责任。这极大地调动了员工和干部的积极性，同时也给管理者减轻了负担。这种”管人于无形”的效果是通过权与责的统一达到的。

授权不等于放任不管，授权以后的管理者仍必须保留适当对下属的检查、监督、指导与控制的权力，以保证他们正确地行使职权，确保预期成果的圆满实现。权力既可授出去，也可以收回来。所有的授权都可以由授权者收回，职权的原始所有者不会因为把职权授予出去而因此永久地丧失了自己的权力。职权的收回能够保证改组的顺利，因为公司免不了要改组，而改组的过程中不可避免地要涉及职权的收回和重新授予问题。充分授权而缺乏有效的监控手段，会导致授权失败。所以管理者在授权的同时，必须进行有效的指导和控制。要知道，授权管理的本质就是监控和督查。

雷本是某公司生产部门的经理，他很懂得授权的艺术。作为一名主管，他知道授权的重要性，并知道如何有效地运用它。他把所有的工作都授权给他人做，自己很少加班加点，更不会把工作带回家。

他从来没有被工厂的问题所困扰。当被问及他成功的秘诀时，彼得说："我没有秘诀。一般来说，我安排任务以后，我会进行跟踪，监控，检查。"

及时有效的监控手段是推动项目沿着既定的轨道按部就班运行的保障。如果缺乏行之有效的监控手段，就容易造成放任自流，最终将导致授权流于形式，达不到预期效果或彻底宣告失败。但若控制的范围过大，触角伸得太远，这种控制就难以驾驭。如何做到即授权又不失控制呢？下面几点颇为重要。

（1）评价风险。每次授权前，管理者都应评价它的风险。如果可能产生的弊害大大超过可能带来的收益，那就不予授权。如果可能产生的问题足由于管理者本身原因所致，则应主动校正自己的行为。当然，管理者不应一味追求平稳保险，一般来说，任何一项授权的潜在收益都和潜在风险并存，且成正比例，风险越犬，收益电越大。

（2）进行合理的检查。检查有以下的作用：指导、鼓励和控制。需要检查的程度决定于两方面：一方面是授权任务的复杂程度；另一方面是被授权下属的能力。管理者可以通过评价下属的成绩，要求下属写进度报告，在关键时刻同下属进行研究讨论等方式来进行控制。

（3）尽量减少反向授权。下属将自己应该完成的工作交给管理者去做，叫做反向授权，或者叫倒授权。发生反向授权的原因一般是：下属不愿冒风险，怕挨批评，缺乏信心，或者由于管理者本身"来者不拒"。除去特殊情况，管理者不能允许反向授权。解决反向授权的最好办法是在同下属谈工作时，让其把困难想得多一些，细一些，必要时，管理者可以帮助下属提出解决问题的方案。

（4）审查并改进授权的技巧。尽管有些企业的管理者们也实行了授权，

但是，由于他们没有正确掌握授权方法，没有按照授权的基本程序去授权（或是未能选准授权对象；或是授意不明；或是忽视必要的追踪检查等），因此，效果并不见佳。可见，实行有效的授权，掌握正确的方法也是十分必要的。不掌握正确的方法，而要想取得好的效果，是绝对不可能的。

（5）要讲求实效。授权只是提高管理效率的一种手段，而不是目的。因此，企业老板们在实行授权之后，还必须继续加强对各项工作的全面管理，尤其要加强授权过程中的管理，努力提高授权的有效性。只有这样，才能达到提高管理效率的目的。居于幕后，既能掌握对下属的统御之权，又不致陷于事务堆里，这样的管理者才足最高明的。先秦时期的改革家商鞅就说过：英明的君主，总是处箪席之上，闻丝竹之声，驱使治下百姓，指挥千军万马。真可谓悠哉，怎么会终日忙忙碌碌不得闲呢？

事实证明，管理者超脱一些，轻松自如地驾驭部下不是不可能的。其办法就是，在保证大权在握也就是有效监控和牵制的前提下，将不必由自己掌握的权力交给下届，即有所不为然后才有所为。

总之，管理下属既不能太死，也不能太放松，一定要掌握授权与控制的分寸。

第五章　冲破创业资金的阻力

创业是指某个人发现某种信息、资源、机会或掌握某种技术，利用或借用相应的平台或载体，将其发现的信息、资源、机会或掌握的技术，以一定的方式转化、创造成更多的财富、价值，并实现某种追求或目标的过程。正是因为没钱，才想着变富有，才想着创业，想着有一天能美梦成真。创业中匮乏资金的艰辛不是一句两句就能形容出来的，所以能否克服资金的阻力，就决定了创业之路是否顺畅。

开源节流，诚实守信

先秦时期，诸子大都肯定“俭”，而否定“奢”。孔子说：“礼，与其奢也，宁俭。”墨子说：“节俭则昌，淫佚则亡。”管子说：“审度量，节衣服，俭财用，禁侈泰，为国之急也。”崇俭是古代思想家的共识，尤其儒家的崇俭思想，对后世的影响更大。

司马迁在《货殖列传》中颂扬白圭“与用事僮仆同苦乐”、“能薄饮食，忍嗜欲，节衣服”，又称赞秦末汉初的宣曲任氏“折节为俭”，“公事不毕，则身不得饮酒食肉”。因此，节俭应作为商人的精神内容之一。

古有训诫：成由俭，败由奢。其实，不少超级富豪由贫到富，自始至终都十分节俭。李嘉诚就是其中一位，他从来不讲究衣服和鞋子是什么牌子，一套西服穿十几年是平常事；10 双皮鞋有 5 双是旧的，皮鞋坏了，补好了照样穿；那块永远快 10 分钟的手表是普普通通而且用了很多年的电子表；为了赶时间，几块钱一包的饼干也可以当美餐。

节俭是成功商人一个极为突出的优点，我国明清时期的晋徽商人就是以俭朴著称的。明代谢肇浙就说过：“富室之称雄者，江南则推新安，江北则推山右。山右或盐或丝，或转贩，或窖粟，其富甚于新安。”清康熙也说：“晋风多俭，积累易饶。”顾公燮也将之概括为：“山陕之人，富而

若贫。”《晋录》所云，晋商“百金之家，夏无布帽；千金之家，冬无长衣；万金之家，食无廉味……故其居奇能饶。”能饶，就是能聚财，能积累资本。由于山西商人注意节俭，所以他们的资本积累较快。

“开源节流，诚实守信”是火速的经营理念。见到刘小光的人都能感受他的朴素、务实，而火速的员工更能深切地感受刘总的节俭。火速人不少都有了私家车，而手下掌管200多人的总经理，却至今骑自行车上班。没有华丽的服饰，没有豪华的办公室装修，因为刘小光在意的是公司的未来发展，在意的是能否给客户带来价值，考虑的是公司最终走向世界五百强。

节俭并不意味着吝啬与贪婪，当问到公司为何能够如此快速的发展，其中有何法宝时，刘总坦言没有，只吐出两个字：诚信。刘总的观点是做企业首先要有一个真诚的态度，对客户诚实守信，对员工诚实守信，是最基本的要求。2009年七月，火速的客户——某世界500强著名企业给火速汇款时，误将款项由12500元写成了125000元，多付了11万巨款。因为这是合理财务支出，即使对方通过核查都不大可能找到缘由，刘总在看财务报表时发现了这笔意外之财后，立即让财务部将多余的款项返还回去。此举令对方感动不已，并坚决表示：要与火速长久合作。

他的目标是使企业成为世界五百强，他的历史使命感，“路漫漫其修远兮，吾将上下而求索”。今日的成功只是一个开始，未来的发展任重道远，“仰之弥高，钻之弥深”，有了宏伟目标，刘小光带领其团队破浪前行，到达胜利的彼岸，辉煌的彼岸！

一分耕耘，一分收获。刘小光带领的激情的年轻团队，乘风破浪，扬帆前行。一般来说。商人有两种心态：一种是奢侈挥霍，视钱如泥沙；一种是俭朴自守，希望一分钱掰成两半花。成功的商人属于后一种。积沙成塔，集腋成裘。诚信是他们长久发展的基础。

在尖山乡黄家坝工业园区内，有一家建厂仅两年，但年产量达600吨、产值达150万元、产品远销重庆、湖南、浙江等地的塑胶生产公司——咸丰宏升工贸有限责任公司。公司经理、法人代表熊斌谈起他回乡创业的艰难历程时，深有感触地说："是诚实守信让我的公司逐步发展壮大起来的！"

20世纪90年代初期，一浪高过一浪的打工潮流吸引了许多有志改变现状的青年。在这股巨浪的冲击下，刚刚高中毕业的熊斌于1993年8月只身一人来到了温州，开始了他的打工生涯。身处异地他乡，熊斌知道：只有踏踏实实、一步一个脚印地走下去才能成就自己的梦想。

梦想的实现是非常曲折的。他先是在一家生产凝胶的公司打工，后来又跳槽到另一家塑料生产公司工作。在这家公司，他由车间工人做起，一步一步地做到了主任、主管，一直做到公司的技术核心部门——化验室。是什么让一个一无技术、二无特长的外地青年受到公司老板的如此青睐呢？"公司老板见我平时做事比较诚实，什么活都让我做。"公司老板为了培养化验技术人员，专门安排他到一所技工学校进行了为期半年的业务培训。为了熟练地掌握化验技术，在具体的操作过程中，他又虚心地向同事请教。这样，在短短的时间内，他便掌握了塑料生产的全部技术，这为他回乡创业打下了坚实的基础。

诚实，让熊斌不仅赢得了公司老板的信任，而且受到公司同事的尊重。他的薪水也由最初的每月几百元上涨到几千元。经过几年的打拼，熊斌已由最初无技术成长为公司的技术骨干，当初身无分文的他也已是小有储蓄了。

是一个偶然的机会让熊斌萌生回乡创业的大胆念头的。1996年春节，熊斌回到家乡，一个赶集日，他帮父亲将自家养的鱼运到集市上出售。为了方便群众装鱼，父亲买来了几条塑料袋，熊斌一问价格，居然要2元一条。精明的他顿时从中发现了商机，因为他所在公司生产的塑料袋在出售时不是以条来计算，而是以斤来计算，而且只要4.00元一斤。同时，他还发现，无论是在城市，还是在农村；无论是在大型的超市，还是普通的商店，群众购物都是用这种塑料袋。生产塑料袋不仅利润空间大，而且市场潜力大。

为何不能将那些废弃的塑料再收回来，通过物理加工再生产成可利用的塑料袋呢？这样做不更利于环保吗？况且我已熟练掌握了塑料生产的全部技术。于是一个大胆的想法诞生了：结束打工生涯，回乡创业。

然而，创业过程是异常艰难的，来自社会、家庭等方面的压力让他一直难下决心。直到2002年，他终于痛下决心：自己办企业，自己当老板！于是，选地址、建厂房、购设备、聘工人、跑手续……厂子建起来，机器开始运转了！他又忙着到重庆、湖南、浙江等地找销路。就这样，企业一天天发展起来。

在2009年的9月，熊斌因事出差了，公司由他的弟弟负责。在向湖南一老客户发货时误将一袋还没有装好的塑料颗粒装上发货车。运到之后，验货员发现了整车中有一袋重量不足，便以不守信为由拒绝付款。恰好对方老板也不在家，接到电话后马上给熊斌打来电话，询问有关情况，并在电话里将他批了一顿，说："我如此信任你，你却这么不守信用！"熊斌回到厂里了解情况后，给对方打电话说明情况，并请对方老板核实是否属实。后来，对方老板打来电话告诉他是一场误会，并与他建立起了很好地合作关系。现在，只要是宏升公司的货在这家公司不用验收就可直接付款了。

诚实是金，诚信为本，是人类社会的发展规律属性，也能涉及一个人一个公司一个集团乃至一个社会。一个人说话都不算话，那他必然没有好的人缘，路也不会走得好。一个公司一个集团，不能诚信相待供应商、客户、顾客、股东，没有责任意识，只求眼前利益不求基业长青的发展轨迹，那迟早会被市场所淘汰。一个社会，没有诚信作为发展基石，即使有一时的繁荣，那也是泡沫而已，没有诚信的经济，就是畸形、不健康的，那必将要发生危机。

开源节流，诚实守信，是一个企业发展必需的素质，任重而道远。

信誉是无形的资产

创业要想取得成功就需要在良性循环中发展壮大，在信息社会里做广告固然重要，可也不是万能的，对小本创业的人来说广告费用也是有很大难度的，最好的办法就是珍视自己的信誉，这无疑是个让人信服的金字招牌。但是良好的口碑并不是嘴巴吹出来的，而是靠诚实经营、踏踏实实的工作打造出来的。所以，诚实经营对创业伊始的人来说尤其重要。

1835 年，摩根先生听一位朋友讲，一家名叫伊特纳的火灾保险公司为了扩大自己的实力，宣布凡是加入公司的新股东，不需马上注入奖金，只要在股东名册上签下自己的名字，就可以成为该公司的股东，而且很快就会有良好的收益。摩根先生毫不犹豫地就在那本股东名册上签下了他的名字，成为伊特纳火灾公司的一名股东。

天有不测风云。也就在那一年的冬天，纽约突发了一场特大火灾。伊特纳火灾保险公司的股东们一个个傻了眼，纷纷退股来挽回自己的损失。珍惜自己信誉的摩根先生再三斟酌，决定舍财保信誉。他卖掉了自己苦心经营多年的旅馆和酒店，低价收购了大家的股份。他又通过其他融资渠道，以最快的速度将 15 万美元的保险赔偿返还了投保人。一时间伊特纳火灾

保险公司的声誉传遍了整个纽约城。

为了偿还赔偿金，摩根先生已经濒临破产，只剩下一个空壳般的保险公司，当然，摩根先生也成为这家公司最大的股东。他从朋友那里借钱，然后刊登广告：本公司为偿还保险金已经竭尽所能，从现在开始，再入本公司的投保人，保险金一律增加一倍。

第二天早晨，身上只有5美元的摩根先生拎着公文包上班。当走到公司所在的那条大街，只见那条大街被挤得水泄不通，许多前来投保的人挤在伊特纳火灾公司的大门口。大家可以想见，不久摩根先生就买回了原来的旅馆和酒店，还净赚了30万美元。

这位摩根先生就是主宰华尔街帝国的摩根先生的祖父，是美国亿万富翁摩根家族的创始人。一场突发的火灾曾使摩根先生濒临破产，同样也是这场火灾成就了一个家族的事业。摩根先生成功的秘诀就是讲诚信，重信誉。

其实摩根先生并不是单纯因为那次火灾而成为美国的亿万富翁的，他在日后的风云商场中凡事必讲“诚信”才积累了富可敌国的财产。摩根先生曾说：“信誉是我一生的恪守，因为它具有无穷的复利效果，可以让你从身无分文的小子变成真正的亿万富翁。”相反，如果诚信、信誉不从一而终，它所带来的财富也非常有限，甚至会因为诚信中断导致财富缩水、企业破产等严重的问题。

小王大学毕业时一心想创业，可口袋里根本没有多少钱。他曾向自己身家百万的叔父借钱，但遭到委婉的拒绝，因为他叔父怕他没有还债的能力。后来小王转而向他叔父只借了500元，并保证一个星期后还款。一个星期后，小王如期还清这笔小额借款。一个月后，小王又向他叔父借了3000元，并在规定的时间把钱如数还请。如此借了四次钱后，他叔父主动借10万元给他创业，同时投资10万元成了小王创办的公司的股东。

如今小王已经把公司全部转让给了他叔父，自己则拿到200万元的股份。仅仅是三年的时间，白手起家的小王就成功地赚到了200万元，他认为自己赚钱全靠两个字——信誉。

如果一个人无论是在学习、工作还是生活中没有起码的信誉，那么相应的就是失去诚信的根本，守信是一个良好的道德行为规范，也是一个起码的社会责任。商品是我们可以用金钱的购买或者通过物品的等价交换获得的，而信誉的产生，祭奠于一种信念，是无形的，也是金钱无法购买的。

程放做过油漆工，后来组建了一支装修工程队，在人们痛斥装修“游击队”种种不是的时候，他所承接的工程却从没有停断过，常常装修完一家，便接连几家在等着他。有时，工人出了小小的差错，外行人未必看得出，可程放发现后没有马虎，叫工人重新返修，自己赔上材料费。他相信自己的质量，所以对客户有约在先，装修后负责保修，有时问题并不出在质量上，可只要有客户向他打声招呼，他都在力所能及的范围内帮忙，而且他的收费比较公道，更不会漫天要价。他在与客户闲聊时坦率地说，自己是小本生意，不可能花钱做广告，全靠客户推荐，这就需要有良好的口碑。经过几年的努力，他拥有了一家规模颇大的装修公司，在业界和客户里有相当的知名度，自然生意越来越好也越做越大。

程放的例子就很好的说明：无论时代如何发展，有些东西是不随时间的迁移而转变的，比如一些道德行为规范等，而做人、做事讲究信誉该是做人、行事的基本准则，信誉是一种信念，是一种没有办法用货币或者商品价值来衡量的东西。

在商界、在现实生活的接触中，我们无法逃避这样的问题，从生意与做人的角度，学会权衡利弊、着眼未来，把握时机从实际出发。信誉无价，只有保持良好的信誉才能有未来辉煌人生的体现。诚信，看是浅显的道理，

却足以影响人的一生。

美国堪萨斯城郊的一所高中，一批高二的学生被要求完成一项生物课作业的过程中，其中28个学生从互联网上抄袭了一些现成的材料。

此事被任课的女教师发觉，判定为剽窃。于是，不但这28名学生的生物课成绩为零分。并且还面临留级的危险。在一些学生及家长的抱怨和反对下，学校领导要求女教师修改那些学生的成绩。这位女教师拒绝校方要求，结果愤而辞职。

面对巨大的社会反响，学校不得不在学校体育馆举行公开会议，听取各方面的意见。结果，绝大多数的与会者都支持女教师。该校近半数的老师表示，如果学校降格满足了少数家长修改成绩的要求，他们也将辞职。他们认为：教育学生成为一名诚实的公民，远比通过一门生物课程更重要。

被辞退的女教师每天接到十几个支持她或聘请她去工作的电话。一些公司已经传真给学校索要作弊学生的名单，以确保他们的公司今后永不录用这些不诚实的学生。

一位美国人说，一个人可以失去财富，失去职业，失去机会，但万万不可失去信誉。一个不信守诺言的人，在这个世界上举步维艰。

只有始终诚信做人、诚信做事，才能获得真正的成功，信誉是一种宝贵的财富。一纸契约、一句承诺，都要无条件地去履行；一个约定的时间也应该严格遵守，因为，信誉无价。

借力打力

创业，往往面临资金匮乏、经验缺少等问题，特别是资金匮乏往往制约了创业，束缚了创业者的手脚。那么，如何“借他人之势，发天下大财”，巧妙利用别人的资金、专利、产品为我所用呢？

“借”字天地广阔，大有文章可做。俗话说得好：“借力发力不费力。”蛮力是不行的，要借力发力，以小搏大，以弱胜强，以柔克刚，四两拨千斤。没有钱没关系，可以向亲朋好友借，向银行、向大老板借；名不见经传的企业和个人，没有名气，可以借“名人”之发扬你之美名；没技术，没有人才，没有经验，可以借科研机构、大专院校的力量，借别人脑袋里的智慧，和他搞联盟、搞合作，让他以脑袋入股；可以借“名牌商标”推销你的产品；还可以借地盘、借设备、借劳力……“借”字“借”活一个又一个企业。然而，怎个借法？

比方说创业没本钱，怎样借钱？

商场上有句俗话：只有傻瓜才用自己的钱去赚钱，会花钱的，花别人的钱，不会花钱的花自己的钱。著名实业家马胜利曾说：只要能借钱生钱，只要想办法借得到，阎王老爷的钱我都敢借。

那么，如何借钱？

(1) 要有良好的信誉，要让别人相信你的人格；

(2) 对双方都有利，要使对方感到有利可图，实现“双赢”；

(3) 要想方设法让别人相信你的偿还能力。

案例一：

包玉刚开始创业的时候，就是向朋友借的钱先买了一条破船，然后，用这条船去银行贷款，贷来了款，再买第二条船。然后，再用船作抵钾，去买第三条船。如此，逐渐积累资金，逐渐建立个人信誉。

一次，他两手空空，让著名的汇丰银行为他贷款买一艘崭新的轮船。

包玉刚跑到银行，找到信贷部主任说：“主任。我在日本订购了一艘新船，价格是100万元，同时我又在日本的一家货运公司签订了一份租船协议，每年租金是75万元，我想请贵行支持，能不能给我贷款？”信贷部主任说：“你这个点子不错，但你要有担保。”他说：“可以，我用信用状担保。”（信用状：即“货运公司”从银行开出的信用证明）很快，包玉刚到日本拿来了信用状。银行于是给他办理了贷款手续。

包玉刚赚到一笔钱后，不是像有些人那样，把钱存起来，这样发展速度太慢，而是继续扩大规模。有规模才有效益，这样才能做大做强。他就是用这种“滚动式”抵押贷款经营法，在大洋里越滚越大，成为世界航运之首。

案例二：

某创业者在创业初期，由于资金紧张，举步维艰，于是用自己的一套旧房子到银行抵钾贷款，贷款5万元，一年还清。但他为了获得银行信任，不到一年，提前3个月就将本息还清。不久，第二次去该银行贷款10万元。由于第一次合作愉快，以后不断增加贷款额，直至满足他的创业投资。

有位知名企业家曾说：“利用别人赚钱的人，才能赚大钱。”没有几个

人完全是靠自己的钱去发大财的，发财不是靠自己，而是靠别人。不怕你借不到，就怕你找不到借的理由、不懂借的方法，就怕你没有信誉，不会经营。

健力宝创始人李经纬原本是个名不见经传的小酒厂的厂长。一次偶然的机会，他得到一则消息：“奥运会”需要运动饮料，李经纬敏锐地从中嗅到了千载难逢的发财机遇。但他对保健饮料一窍不通，技术、资金什么都没有。于是，他首先找到广东省体育科研所的欧阳孝，请他来研究配方，利润大家分成。

欧阳孝经过上百次的试验，终于研究出了配方，即现在的“健力宝”。产品研制出来了，问题也来了：生产场地怎样解决？怎样销售？怎样打进奥运会？

首先，产品要进得去。但刚开始时，就连包装、生产线、原材料、滚动资金等什么都没有，简直是个“丑小鸭”、“灰姑娘”，怎么办？借腹生子！

于是，他跑到“深圳百事可乐公司”，借些空罐子，拿到印刷包装公司（厂）设计包装。再找个记者帮忙。当亚足联主席拿起健力宝时马上拍照。于是，李经纬拿了这张照片到处宣扬，大做文章，使产品有了一定知名度。接着，他又拿卖健力宝赚来的钱去打广告，其名声越来越大。

对于创业者来说，善用自我积累，进行滚动发展也是一个不错的方式，致富项目，虽然发展速度可能会相对慢一些，但是没有包袱，做事可以更加从容，保持一种良好心态。创业者还可以选择典当等方式筹措创业资金；通过参加各种创业比赛，媒体炒作，吸引投资方注意力，从而获得融资；通过第三方牵线搭桥获得项目融资或创业融资。

2000 年 8 月，上海浦东发展银行与联华便利合作，推出面向创业者的“投资 7 万元，做个小老板”的特许免担保贷款业务，由联华便利为创业

者提供集体担保，浦发银行向通过资格审查的申请者提供7万元的创业贷款，建立联华便利加盟店，许多缺乏资金的创业者因此得以圆创业梦。像联华便利一样，现在很多公司为迅速扩大市场份额，常会采取连锁加盟或结盟代理等方式，推出一系列优惠待遇给加盟者或代理商，如免收加盟费、赠送设备、在一段时间内免费赠送原材料，对代理商先货后款、延后结款、赊购、赊销等，虽然不是直接的资金扶持，但对缺乏资金的创业者来说，等于获得了一笔难得的资金。

想想看，假如今天我要你跟一匹马来比赛赛跑，这样谁会赢？马会赢还是你会赢？假如你骑在这匹马的上面，到底谁会赢呢？记住你坐在马上面，马依然会获胜！所以，我们的企业要成功，我们不一定要把自己当马来赛跑。什么叫一匹马？一匹马就好像掌握趋势一样，水涨船高。我们要找一匹马，骑在它的上面，跟着马前进的话，即使没有超过马，但是至少我们离成功也是非常接近的。这种方法叫做借力出力、马上成功！

寻找创业者的“维生素C”——风险投资

对创业者来说，能否快速、高效地筹集资金，是创业企业站稳脚跟的关键，更是实现二次创业的动力。目前国内创业者的融资渠道较为单一，主要依靠银行等金融机构。而实际上，风险投资、民间资本、创业融资、融资租赁等都是不错的创业融资渠道。

在英语中，风险投资的简称是VC，与维生素C的简称Vc如出一辙，而从作用上来看，两者也有相同之处，都能提供必需的“营养”。

广义的风险投资泛指一切具有高风险、高潜在收益的投资；狭义的风险投资是指以高新技术为基础，生产与经营技术密集型产品的投资。根据美国全美风险投资协会的定义，风险投资是由职业金融家投入到新兴的、迅速发展的、具有巨大竞争潜力的企业中的一种权益资本。

虽然有些风险资本确实更偏爱处于发展初期的公司，但是，真正的启动资金是很难得到的。风险基金（或者个体风险资本家）的投资通常需要两个重要条件。

第一个也是最重要的——高回报率。第二，风险投资要在短时期内能够收回。你也许有个非常好的商业计划，但你的计划是不是真的好？如果你不是开发出了特效药或者在电脑技术上取得了重大突破，那么，获得风

险投资是不大可能的，也就是说风险资本家不会争先恐后地给你提供资金。事实上，风险基金的管理者经常说，他们每接到100份申请才可能考查其中10个申请者，而最后的结果是，只在这10个中选择1个进行投资。这样你很容易就能算清楚自己的机会有多少了。

风险投资商要先看创业人的素质、聪明程度、判断能力、反应灵敏度、知识能力、吸引人和团结人的能力，然后，他们才看这个市场大不大，接下来再看你的技术。风险资本家常常会倾向于选择那些在竞争中有着自己特有优势的企业进行投资。哪些优势？通常包括专利、特许权、商标或者其他形式的法律保护。而相比其他企业而言，高科技企业的产品更可能拥有这些特征，类似的高科技企业包括那些从事电脑技术、通信、生物技术或者类似产品经营的企业。

1999年以来，风险投资在国内得到了很大的发展，国内几乎每一个成功的互联网企业的背后，都可以看见风险投资的身影。对于创业者来说，尤其是对于高科技领域的创业者，寻求风险投资的帮助，是一个值得认真考虑的途径。

丁磊创办网易，张朝阳创办搜狐，都获得了风险投资的支持。

目前QQ在国内外拥有注册用户近亿元，且以几何速度每日递增，可谓国内网民使用最多的即时通信工具。而QQ本身也从广告、移动QQ、QQ会员费等多种领域实现了赢利，马化腾作为公司创始人自然是最大的贡献者和受益者。

跟其他刚开始创业的互联网公司一样，资金和技术是腾讯最大的问题。“先是缺资金，资金有了软件又跟不上。”1999年2月，腾讯开发出第一个“中国风味”的ICQ，即腾讯“QQ”，受到用户欢迎，注册人数疯长，很短时间内就增加到几万人。人数增加就要不断扩充服务器，而那时一两千元的服务器托管费对公司都不堪重负。“我们只能到处去蹭人家的服务器用，最开始只是一台普通PC机，放到具有宽带条件的机房里面，然后把

程序偷偷放到别人的服务器里面运行。”

找银行，银行说没听说过凭“注册用户数量”可以办抵押贷款的；与国内投资商谈，对方关心的大多是腾讯有多少台电脑和其他固定资产。1999年下半年，从美国到中国，互联网开始“发烧”，受昔日老网友海外融资的启发，马化腾拿着改了6个版本、20多页的商业计划书开始寻找国外风险投资，最后碰到了IDG和盈科数码。“他们给了QQ 400万美元，分别占公司20%的股份。QQ发展到1万用户时，这笔钱还没用完。”

有了这笔资金，公司买了20万兆的IBM服务器。“当时放在桌上，心里别提有多美了。”马化腾回忆当时情景，至今还喜不自禁。

彼时，马化腾所创立的即时通讯软件QQ拥有超过4.8亿的活跃用户，仅仅在2009年第三季度就为其贡献了33.6亿元收入，超过网易、盛大、阿里巴巴3家的总和。

马化腾艰难引入风投的做法，只是当时互联网企业争取生存的一个缩影。曾被称为“中国最优秀的天使投资人”的龚虹嘉对此感慨不已：“中国80%以上的创业家，都是靠关系获得一些资源的垄断来达到成功，长久以来，中国的创业家阶层谈来谈去都离不开这些东西。因为有了互联网，有了纳斯达克，有了海外风险投资，理念和价值观才出现多元化。”在龚虹嘉看来，与传统商业模式不同，腾讯他们是用阳光做法博得阳光财富，“不靠收买谁垄断谁，就凭自己的创新和胆识”。

利用专利技术，获得风险投资家的青睐和支持，将有助于你走向成功。

以下是风险资本家认为的能够带来高回报的企业应该具备的特征。

(1) 创业者的才能。你需要证明自己有经营类似企业的经验和能力。何谓高品质的创业者？当然，这个问题的答案可能有些主观性或者依赖直觉。话虽这样说，然而，我还得提醒：不要欺骗投资者。投资者依赖直觉并不意味着他们在评估你的企业时不进行彻底考查。不管是基金管理者还是个人投资者都是如此。他们不是靠盲目冒险赚钱，他们作出决定的严格

程度取决于资金的来源。例如，如果资金来源于富有的个人投资者，基金管理者可能会拥有更大的回旋余地。如果资金来源于养老金基金，那就没有多少回旋余地了。

（2）机能平衡的团队。风险资本家需要你拥有满足公司需要的创业团队，而基金管理者没有时间帮助你组织管理或者监督你的日常经营。因此，专业、积极的团队要比个人更具吸引力。你团队成员的能力以及团队的凝聚力将会在很大程度上影响投资者的兴趣。

（3）退出策略。你需要早一点向投资者说明他们将如何退出你的企业。所有的风险投资的期限都比较短。如我在前面所说的，意欲投资的风险资本家需要在获得 5 ~ 10 倍的回报之后全身而退。但是，他们的资金需要在你的企业里停留多长时间？如何脱身？这是他们想知道的。通常有两种方法：首次公开募股和被大型行业投资者收购。从投资中抽身的难易程度是投资者决定是否向你投资的关键因素。如果你的产品不具备足以使你轻易公开募股或者快速出售企业的吸引力，你就不可能获得风险投资。

重庆江北通用机械厂从 1995 年开始研制生产大型氟利昂机组新产品，其具有兼容功能，并可以用其他冷冻液进行替代。由于银行对新产品一般不予贷款。重庆风险投资公司提供了 100 万元贷款。两年后，江北通用机械厂新产品销售额达 7000 万元。

一些投资人说，创业者不能得到 VC 的一个原因是创业者不能用投资者关心的“商业语言”解读他的企业。创业者自身是搞技术出身，不善于对自己的企业或创业项目进行推介，但投资者所有的问题都会围绕着为什么可以为你的企业投入以及投入怎样保证获得回报和顺利退出来展开，如果不能从投资者的角度回答他们的关心，将自己的技术市场前景以他们感兴趣和能够听懂的语言诠释出来，即使是你的项目很好也会有错过投资人的时候。

可以理解创业者通常面对自己创办的企业就像自己的孩子一样难以割舍，无论在和风险投资商讨论持股比例上，还是在企业的长远利益和出资者的短期利益发生冲突的时候。但实际上，有时候纯粹的资本运作方式一样能实现股东利益最大化，按照资本的意愿作出选择，有时候对创业者来讲，是最理智的决定。

成功的关键是找到合适的风险资本家，只要把重点放在对你的事业感兴趣的投资者身上，就会大大简化你的工作并提高成功的可能性。太多的创业者由于选择失误而浪费了自己的时间，如果你开发了一种新型心导管，不要去寻求专门从事通信业务的风险投资企业的帮助，而是应该把重点放在对类似企业进行过投资的基金上。

懂得和投资人之间做生意无论是“只恋爱不结婚”也罢，还是最多只能“锦上添花”也罢。这些都是从事创业投资的专业公司都会刻意规避和锁定的风险。所以，创业投资一般只在企业的发展期和成熟期进行投资。深刻的理解这一点对于创业人尤为重要，因为在需要融资的时候，创业者需要以生意人的心态和逻辑与投资人接触和谈判。

如果你的申请不能引起某个公司太大兴趣的话，一路走到底是没有意义的。除了原则、方针和评估申请的程序，你还必须在风险投资基金找到一个对你所处行业有着明确了解、对你的企业怀有好感的伙伴。如果你做不到这一点，还是放弃吧。也就是说，不是把自己的商业计划寄出去就万事大吉了，你必须缩小寻找范围，安排和风险资本家单独会面，并且和他们建立友善的关系。

树立好的企业形象，有稳定的销量和发展空间是吸引投资者的关键，了解投资人的心理后，相信你也能位自己的企业引来风险投资资金。

天使投资：创业者的“婴儿奶粉”

天使投资指个人出资协助具有专门技术或独特概念而缺少自有资金的创业家进行创业，熏陶并承担创业中的高风险和享受创业成功后的高收益。或者说是自由投资者或非正式风险投资机构对原创项目构思或小型初创企业进行的一次性的前期投资。它是风险投资的一种形式，在根据天使投资人的投资数量以及对被投资企业可能提供的综合资源进行投资。

而“天使投资人”通常是指投资于非常年轻的公司以帮助这些公司迅速启动的投资人。在风险投资领域，“天使”这个词指的是企业家的第一批投资人，这些投资人在公司产品和业务成型之前就把资金投入进来。

天使投资是自由投资者或非正式风险投资机构，对处于构思状态的原创项目或小型初创企业进行的一次性的前期投资。天使投资虽是风险投资的一种，但两者有着较大差别：天使投资是一种非组织化的创业投资形式，天使投资者更多由私人来充当投资者角色，其资金来源大多是民间资本，而非专业的风险投资商；天使投资的门槛较低，专门为那些具有专有技术或独特概念而缺少自有资金的创业者所准备，投资额相对较少，对被投资企业审查不太严格，手续更加简便、快捷，更重要的是它一般投向那些创业初期的企业或仅仅停留在创业者头脑里的构思。有时即便是一个创业构

思，只要有发展潜力，就能获得资金。

通常天使投资对回报的期望值并不是很高，但 10 ~ 20 倍的回报才足够吸引他们，这是因为，他们决定出手投资时，往往在一个行业同时投资 10 个项目，最终只有一两个项目可能获得成功，只有用这种方式，天使投资人才能分担风险。其特征如下：

（1）天使投资的金额一般较小，而且是一次性投入，它对风险企业的审查也并不严格。它更多的是基于投资人的主观判断或者是由个人的好恶所决定的。通常天使投资是由一个人投资，并且是见好就收。是个体或者小型的商业行为。

（2）很多天使投资人本身是企业家，了解创业者面对的难处。天使投资人是起步公司的最佳融资对象。

（3）他们不一定是百万富翁或高收入人士。天使投资人可能是您的邻居、家庭成员、朋友、公司伙伴、供货商或任何愿意投资公司的人士。

（4）天使投资人不但可以带来资金，同时也带来联系网络。如果他们是知名人士，也可提高公司的信誉。

天使投资往往是一种参与性投资，也被称为增值型投资。投资后，天使投资家往往积极参与被投企业战略决策和战略设计；为被投企业提供咨询服务；帮助被投企业招聘管理人员；协助公关；设计退出渠道和组织企业退出等。然而，不同的天使投资家对与都投资后管理的态度不同。一些天使投资及积极参与投资后管理，而另一些天使投资家则不然。

根据美国资本主义的情况，一般规定了天使投资人的总资产一般在 100 万美金以上，或者其年收入在 20 ~ 30 万美金，依据你的项目的投资量的大小可以供参考选些天使投资的种类，其种类包括：

（1）支票天使——他们相对缺乏企业经验，仅仅是出资，而且投资额较小，每个投资案约 1 ~ 2.5 万美元；

（2）增值天使——他们较有经验并参与被投资企业的运作，投资额也较大，约 5 ~ 25 万美元；

(3) 超级天使——他们往往是具有成功经验的企业家，对新企业提供独到的支持，每个案的投资额相对较大，在10万美元以上。根据具体的所有的拿到的项目资金选择合理的对象，这是很关键的。

天使投资是风险投资的先锋。当创业设想还停留在创业者的笔记本上或脑海中时，风险投资很难眷顾它们。此时，一些个体投资人如同双肩插上翅膀的天使，飞来飞去为这些企业“接生”。投资专家有个比喻，好比对一个学生投资，风险投资公司着眼大学生，机构投资商青睐中学生，而天使投资者则培育萌芽阶段的小学生。

投资的一个中心就是：保证本金安全。任何投资都不是一开始想着要赚多少钱，而是确定投资是否安全，投资不是靠风险来赚钱，而是管理风险来赚钱。对刚刚起步的创业者来说，既吃不了银行贷款的“大米饭”，又沾不了风险投资“维生素”的光，在这种情况下，只能靠天使投资的“婴儿奶粉”来吸收营养并茁壮成长。

牛根生在伊利期间因为订制包装制品时与谢秋旭成为好友，当牛自立门户之时，谢作为一个印刷商人，慷慨地掏出现金注入到初创期的蒙牛，并将其中的大部分的股权以“谢氏信托”的方式“无偿”赠与蒙牛的管理层、雇员及其他受益人，而不参与蒙牛的任何管理和发展安排。最终谢秋旭也收获不菲，380万元的投入如今已变成10亿元。

施振荣的“无锡尚德”刚成立时，小天鹅集团、无锡创业投资公司等出资600万美元，分别获得了10～23倍不等的投资回报率。

天使投资是自由投资者或非正式风险投资机构对原创项目构思或小型初创企业进行的一次性的前期投资，它是风险投资的先锋。在国外也有一些天使投资人聚合组成松散的协会甚至是投资公司，专事创业项目投资，它们实际上就是投资于概念阶段和早期的风险投资机构了。当创业设想还停留在创业者的脑海中时，一些个人投资者就像天使那样，飞来飞去为这

些未来的企业“接生”。如果以对学生投资来比喻，一般的风险投资公司着眼大中学生，而天使投资者则培育萌芽阶段的小学生甚至是学龄前儿童。因此，毋庸讳言，天使投资者的投资第一定律就是，第一笔投资失败的可能性极高。但第二定律却是，成功的收益往往超过其他任何投资活动。这样的案例在国外非常多。

国内的天使投资者主要有外资公司高级管理者、海外华侨和海归人士、成功的民营企业家和先富起来的人，另外也包括 ZF 的各种创业基金。扫视这个稀有种群，可以看到最显眼的是那些功成身退的创业者。他们的名字熠熠发光：前搜狐 COO 古永锵、前金融界 CEO 宁君、投资“亚信”的刘耀伦等。除了这些风云人物，还有很多成功但很低调的天使投资者，相比数量远超过这个天使团队的是，每天都在不断涌现的更多的创业者。

初创期的创业计划大多具有这样的特点：敢想敢说而资源不足。较有希望的项目通常会有一个核心创业人，充满了创业热情，具有技术或者销售特长；而创业队伍的主要人员未到位，无法给投资者信心；产品在开发过程中，商业模式不清晰或者可行性论证不足以说服投资者。在商业计划书中通常描绘了一幅宏伟的发展蓝图，商业创意也有亮点，但是对商业模式和赢利点以及发展战略和依托资源的分析和描述，往往充满乌托邦式的理想主义色彩。对于方案如何实施的细节想得不深，甚至是蜻蜓点水一笔带过，对竞争形势和对手的了解以及应对策略也没有深入探究。这样的状况最常见于社会阅历较少、较年轻的创业者。

创业者很难获得机构投资者的青睐，这是国际惯例，本不足为奇。创业者应该寻找的投资对象是天使投资者，也就是指那些用自有资金投资初创公司的富裕的个人投资者。而天使投资阶层正是国内风险投资最短的那块板。这是个几乎不能算作是桶的容器，犬牙交错的木板分别是私募集资不合法、退出渠道单一而不通畅、商业信用缺失、天使投资稀缺等，这些木板围成的器皿只能承载很可怜的资本量。创业者本来应该将对投资的诉求主要指向天使投资人，而不是机构投资者，更何况从西方舶来的风险投

资——上岸，也改变了脾性，已经变得相当保守了。有数据显示，64% 的投资项目和 56% 的投资金额集中于扩张期和成长期，并且这种趋势还在继续扩大。创业者不必期望他们会插上天使的翅膀。

创业者只有热情和创意也是不够的，创业者必须有资格有潜力被培养成企业家，天生的企业家幼苗相当罕见，即便你是，也很难被识别出来。创业者需要脚踏实地的业绩证明自己是块值得培养的好材料，这样天使投资才能降临到你的项目上。

创新基金：创业者的“营养餐”

近年来，我国的科技型中小企业的发展势头迅猛，已经成为国家经济发展新的重要增长点。政府也越来越关注科技型中小企业的发展。同样，这些处于创业初期的企业在融资方面所面临的迫切要求和融资困难的矛盾，也成为政府致力解决的重要问题。

有鉴于此，结合我国科技型中小企业发展的特点和资本市场的现状，科技部、财政部联合建立并启动了政府支持为主的科技型中小企业技术创新基金，以帮助中小企业解决融资困境。创新基金已经越来越多地成为科技型中小企业融资可口的“营养餐”。

科技型中小企业从技术开发到实现产业化，遇到资金瓶颈是一个普遍现象。经济学家把从基础研究达到技术创新的彼岸这段非常艰难的过程比喻为“达尔文之海”，也有人称之为“死亡之谷”。

武汉中地数码科技有限公司则顺利地穿越了“达尔文之海”，使高校的科研成果走出院墙，并在短短几年间成长为国家重点软件企业。从神舟一号到神舟七号，武汉中地为我国的航天事业作出了贡献。特别是神舟五号首次载人航天飞行，武汉中地有多套软件分别运用于大厅显示屏、着落

场测控站和搜救车。

武汉中地的发展速度令人惊叹。武汉中地副总经理吕建军说："创新基金的 3 次立项作用重大。"创新基金立项 3 次支持金额为 235 万元，配套资金共计 1070 万元。

1995 年，中国地质大学的吴信才教授研发出了 MAPGIS 地理信息系统。"但成果不能躺在那里，必须升级改版进行转化，然后推广进入市场。"吕建军说。于是 1998 年，武汉中地在武汉东湖新技术创业中心成立。

当时，地理信息系统是国外软件一统天下。武汉中地不断寻求突破。1999 年，"MAPGIS 地理信息系统"获得创新基金立项支持。

"MAPGIS 地理信息系统"是一个集先进的图形、地质、地理、遥感、测绘等于一体的高效大型智能软件系统，在图库检索等方面已遥遥领先于同类软件。"MAPGIS 地理信息系统"的出现，打破了国外软件对国内市场的垄断。

创新基金的支持加快了高校科研成果走出院墙的步伐。随后，武汉中地开发的通信网络地理信息系统也获得了创新基金的支持。2003 年，中国电信招标，武汉中地凭借该系统击败 3 家国外公司，获准在国内 60 多个城市推广应用。

就在 2003 年，武汉中地第三次获得了创新基金的支持，开辟国土资源管理应用领域。

以 MAPGIS 为基础平台，武汉中地相继研发推出了一系列应用软件，广泛应用于国土、管线、电信、石油、电力、环保以及海洋等众多领域，为我国数字国土、数字管网、数字通信的建设作出了贡献。

经国务院批准设立，用于支持科技型中小企业技术创新的政府专项基金。通过拨款资助、贷款贴息和资本金投入等方式，扶持和引导科技型中小企业的技术创新活动。目前，科技部创新基金主要对科技型的中小企业提供以下 3 种形式的资助：

(1) 贷款贴息：主要用于支持产品具有较高技术水平，需要中试或扩大规模，形成批量生产及产业化，银行已经有贷款意向的项目；项目总投资在3000万元以下，资金来源基本确定，投资结构合理；贷款贴息一般按申请项目贷款额年利息的50%～100%给予补贴，贴息总额一般不超过100万元，重大项目不超过200万元。

(2) 无偿资助：主要用于科研人员携带科技成果创办企业的启动资金、技术创新产品的研究、开发及中试阶段的必要补助；项目总投资一般在1000万元以下，资金来源基本确定，投资结构合理，企业有与申请创新基金数等额以上的自有资金匹配，项目实施周期一般不超过2年。对于地方政府财政给予匹配资助的项目，同等条件下予以优先支持；资助数额一般不超过100万元，个别重大项目不超过200万元。

(3) 资本金（股本金）投入：资本金投入主要用于支持技术起点高、具有较广创新内含、较高创新水平并有后续创新潜力，预计投产后具有较大市场需求、有望形成新兴产业的项目；资本金投入的目的是引导其他资本的投入。创新基金资本金投入一般要求至少有一家以上投资合作伙伴一起投资。创新基金投入数额一般不超过企业注册资本的20%；企业资金来源应基本确定，投资结构合理；创新基金资本金投入的资金，原则上要求在一定期限内依法收回。

上海克朗宁技术设备有限公司是一家致力于塑具材料研发、生产和销售的民营企业。技术项目极具高科技性，市场前景广阔。创立初期，该公司投入大量人力和资金，进行研发工作，取得了突破性的进展。正在欢欣鼓舞、准备大规模进行产业化运营时，公司出现了资金瓶颈，举步维艰，困难重重。当时困难到包括公司老总在内只有4名员工，而就连这么几个人的工资都没法从企业的运营收益中支付的地步。此时，克朗宁公司申报的创新基金项目被批准立项，获得了100万元的创新基金资助。这笔拨款有力缓解了企业的资金压力，使企业能及时将项目成果转化为现实的生产

力，同时，也帮助企业在市场开拓方面打开了通道，公司产业化进程开始跨越式发展，企业实力突飞猛进。这100万的创新基金，“让克朗宁的发展至少提前了一年半的时间”。

据调查，我国高新技术企业，特别是拥有自主知识产权的企业，在全球金融危机面前不仅能够生存，而且能够发展，有的甚至找到了新的发展机遇。

从1999年实施至今，创新基金走过了整整11年头。11年来，全国上下自主创新创业热潮涌动，创新创业观念深入人心。创新基金工作取得了显著成绩，支持了一大批具有自主知识产权、技术创新水平高并具备产业化前景、成长性好的科技型中小企业。但是，这还只是一个开始，中国自主创新大业任重而道远。

2002年5月，留美归国博士魏波来到成都高新区。辞去了美国“硅谷”的高薪工作，怀揣着创业梦想的他，创办了成都万创科技有限责任公司。

由于长期在美国学习和工作，刚回国时，魏波对于国内的相关政策和商务运作等都缺乏了解，这使魏波在经营管理上出现失误，万创科技在一个项目中亏损了30万元。对于一个刚刚成立的小公司来说，这无疑是致命的打击。如此大的亏损使万创科技陷入了空前的财务危机。

魏波的好友劝他回“硅谷”，但他心有不甘。魏波说，他的理想是把万创科技建成世界一流的嵌入式产品研发和生产企业。于是，为了这一理想，魏波开始了新的项目。

新项目举步维艰。2004年，魏波的新项目进展到一半时，公司账目上的现金已经不足200元，同时还有大量欠款。员工对公司的发展前途感到茫然。

就在此时，一笔40万元的创新基金资助“从天而降”，挽救了万创科

技。原来，万创科技这个名为“3G 多媒体无线 java 移动终端通信平台”的新项目，由于在嵌入式产品领域属国内首创、国际领先，获得科技型中小企业技术创新基金立项支持。

“如果资金晚到几天，我们就真不知道该怎么办了。这件事让我真正体会到了什么叫‘雪中送炭’。”万创科技财务及行政总监王西回忆说。

有了创新基金的支持，万创科技加快了技术创新的步伐。在项目实施的过程中，万创科技建成了一支强大的嵌入式产品研发团队。持续的资金投入，使万创科技的多媒体嵌入式产品及基于低功耗 CPU 的嵌入式产品的研发上了一个新的台阶，达到国际水平。

2006 年，万创科技的新项目“基于 SCDMA 的嵌入式多媒体协同软件系统”获得成都高新区创新基金立项支持。这一年，万创科技嵌入式软件对美出口收入达到近 50 万美元。2007 年 6 月，万创科技“基于 SCDMA 的嵌入式多媒体协同软件系统”又获得科技型中小企业技术创新基金立项支持。

如今，万创科技已经发展成为国内提供网络音视频平台和嵌入式平台的领先企业，GE、西门子、Medtronic 等世界 500 强企业都成为了万创科技的客户。

说起创新基金，魏波至今仍感慨万千：“如果不是创新基金的支持，万创科技无法渡过 2004 年的财务及信任危机，更谈不上今天的飞速发展。”创新基金促进了公司的品牌建设。

要想获得创新基金的支持，必须有明确的创新点。创新基金为企业的进一步发展树立了品牌，并形成了企业融资的“企鹅效应”，引领企业进入高速发展的快车道。找到创新点来获得创新基金，是企业融资的一个很好的办法。

中小企业担保贷款：创业者的“安神汤”

所谓担保贷款，即由专业担保公司为中小企业向商业银行提供贷款担保，对银行来说，降低了风险，对企业来说，获得了资金。随着民营经济的发展，担保公司的市场也越来越广泛。近年我国经济环境的变化，为担保公司带来了新的发展，其一，担保公司的信誉状况有较大提高；其二，开辟出多种品种的担保业务。

从方向上看，国家对于担保贷款从政策上予以引导与支持。据原国家经贸委官员吴义国介绍，这些支持包括以下几方面：①放开准入门槛，国家鼓励社会资金筹建担保公司，政府、法人、其他出资人均可设立贷款担保公司，以解决中小企业融资难问题；就审批程序看，也较为简洁。比如北京现在全面放开准入，仅采取备案制；②对担保公司实施减免税政策，达到一定条件的担保机构，国家减免所得税；③允许经营者从担保公司收入中税前提取 30% 风险准备金；④建立担保公司风险分散补偿机制，包括：建立国家再担保机构、政府从专项资金中提供一定补贴、银行对担保公司的损账分担、通过风险基金提供补偿等。

创业融资是创业筹备阶段和企业草创阶段的融资，从大的方面来说，主要有直接融资与间接融资两种形式。所谓间接融资，主要是指银行贷款。

银行的钱不好拿，这谁都知道，对创业者更是如此。但在某种情况下也有例外，就是在你拿得出抵押物或者能够获得贷款担保的情况下，银行还是很乐意将钱借给你的。较适合创业者的银行贷款形式主要有抵押贷款和担保贷款两种。信用贷款是指以借款人的信誉发放的贷款，一般情况下，缺乏经营历史从而也缺乏信用积累的创业者，比较难以获得银行的信用贷款。

担保贷款：是指借款方向银行提供符合法定条件的第三方保证人作为还款保证，借款方不能履约还款时，银行有权按约定要求保证人履行或承担清偿贷款连带责任的借款方式。其中较适合创业者的担保贷款形式有：

(1) 自然人担保贷款：自然人担保可采取抵押、权利质押、抵押加保证三种方式。如果借款人未能按期偿还全部贷款本息或发生其他违约事项，银行将要求担保人履行担保义务。从 2002 年起，除工商银行外，其他一些国有银行和城市商业银行，也可视情况提供自然人担保贷款。

(2) 专业担保公司担保贷款：目前各地有许多由政府或民间组织的专业担保公司，可以为包括初创企业在内的中小企业提供融资担保。北京中关村担保公司、首创担保公司等属于政府性质担保公司，目前在全国 31 个省、市中，已有 100 多个城市建立了此类性质的担保机构，为中小企业提供融资服务。这些担保机构大多实行会员制管理的形式，属于公共服务性、行业自律性、自身非营利性组织。创业者可以积极申请，成为这些机构的会员，以后向银行借款时，可以由这些机构提供担保。与银行相比，担保公司对抵押品的要求则显得更为灵活。担保公司为了保障自己的利益，往往会要求企业提供反担保措施，有时会派员到企业监控资金流动情况。

(3) 托管担保贷款：一种创新的担保贷款形式。对于一些草创阶段企业，虽然土地、厂房皆为租赁而来，现在也可以通过将租来的厂房、土地，经社会资产评估，约请托管公司托管的办法获取银行贷款。如上海百业兴资产管理公司就可以接受企业委托，对企业的季节性库存原料、成品库进行评估、托管，然后以这些物资的价值为基础，为企业获取银行贷款提供相应价值的担保。通过这种方法，企业既可以将暂时用不着的“死”资产

盘活，又可以获得一定量银行资金的支持，缓解资金压力，是一件一举两得的好事。

(4) 创业者还要善于利用政府扶持政策，从政府方面获得融资支持，如专门针对下岗失业人员的再就业小额担保贷款，再就业小额担保贷款：根据中发〔2002〕12号文件精神，为帮助下岗失业人员自谋职业、自主创业和组织起来就业，对于诚实守信、有劳动能力和就业愿望的下岗失业人员，针对他们在创业过程中缺乏启动资金和信用担保，难以获得银行贷款的实际困难，由政府设立再担保基金。通过再就业担保机构承诺担保，可向银行申请专项再就业小额贷款，该政策从2003年初起陆续在全国推行。其适用对象：①国有企业下岗职工；②国有企业失业职工；③国有企业关闭破产需安置的人员；④享受最低生活保障并失业1年以上的城镇其他失业人员；贷款额度一般在2万元左右。

小额担保贷款是在政策的框架下，通过市场化运作一种新的贷款模式，通过有稳定收入人员的担保，政府财政予以贴息，经办金融机构相应安排一定的贷款规模对创业人员实施扶持。

张女士，毕业于北京某大学，曾供职于多家民营企业，2005年选择了自主创业，成立了一家科技公司，种植美国大杏仁。为推广种植，她在房山关闭煤矿地带建立及山区丘陵地区发展示范基地，雇佣当地农民，并开展前期培训，让农民掌握种植技术。待农民从示范基地中看到效益后，她再以订单方式推广，逐步扩大规模，形成产业，从而带动农民增收致富。

就在热情高涨、干劲十足的时候，她手头却缺少了流动资金，缺口达20万元。就在一筹莫展之时，她了解到小额担保贷款这一优惠政策，便找到了房山区劳动服务管理中心，在该中心和北京银行的大力帮助下，成功获得了20万元的小额担保贷款，这也是北京银行发放的全市第一笔支持大学生创业的小额担保贷款。此笔贷款在关键时刻解决了张莉华创办公司的燃眉之急。目前,公司在房山共建了5000亩美国大杏仁标准化生产基地，

分布在南窖、佛子庄、周口店等五个山区乡镇，基地的示范优势已全面展现，吸引并带动了更多农民实现就业与增收，真正走出了一条大学生自主创新之路。

中小企业信用担保机构大多实行会员制管理的形式，属于公共服务性、行业自律性、自身非营利性组织。担保基金的来源，一般是由当地政府财政拨款、会员自愿交纳的会员基金、社会募集的资金、商业银行的资金等几部分组成。会员企业向银行借款时，可以由中小企业担保机构予以担保。另外，中小企业还可以向专门开展中介服务的担保公司寻求担保服务。当企业提供不出银行所能接受的担保措施时，如抵押、质押或第三方信用保证人等，担保公司却可以解决这些难题。因为与银行相比而言，担保公司对抵押品的要求更为灵活。当然，担保公司为了保障自己的利益，往往会要求企业提供反担保措施，有时担保公司还会派员到企业监控资金流动情况。

中小企业担保融资的优势在于：持现率高于银行；比银行融资更为灵活。如果你没有存单、国债，也没有保单，但你的妻子或父母有一份稳定的收入，那么这也能成为绝好的信贷资源。当前银行对高收入阶层情有独钟，律师、医生、公务员、事业单位员工以及金融行业人员均被列为信用贷款的优待对象，这些行业的从业人员只需找一到两个同事担保，就可以在工行、建行等金融机构获得10万元左右的保证贷款。而且，这种贷款不用办理任何抵押、评估手续。如果你有这样的亲属，可以以他的名义办理贷款，在准备好各种材料的情况下，当天即能获得创业资金。

从以上种种国家政策来看，担保公司在我国将大有发展前景，对资金需求极大的中小企业，这无疑是一条利好的消息。

第六章　坚持才是冲破创业困难的“救命稻草”

这个世界上不会有一直成功的人，也没有永远失败的人。在日常生活中，一个绝境就是一次挑战、一次机遇，如果你不是被吓倒，而是保持自信奋力一搏，也许你会因此而创造超越自我。每天都在瞄向那一高远的目标，每天都在不慌张也不懈怠地努力生活，抑制一时心血来潮的浮躁；每天都是那么积极而热情，从不让大起大落大悲大喜扰乱心绪；每天进步一点点，就是实现完美人生的最佳途径。

是“创造事业”还是“创造就业”

“前程无忧”曾对大学生创业的调查数据显示，15.9% 的大学生认为创业只是作为过渡，而选择“走一步算一步，没有目标”的也占到 26.2%。可见，近一半大学生对创业的风险和艰难预料不够，创业目标也不够明确。如果只是用创业作为逃避就业的一种手段，在心态上你们已经输了一大截。这样的创业，没有发展。

政府鼓励创业，可“创业”究竟是“创造事业”还是“创造就业”？创业者首先应该正确的估计自己的创业能力，自己的优势是什么，自己的劣势是什么。这样才能做到扬长避短。根据“前程无忧”调查显示,在“您认为自己最缺乏的是哪方面的创业条件”问题回答中，有 45.5% 的大学生选择最缺乏资金，选缺少社会经验的占到 24.8%，企业运作及管理经验也是令大学生头疼的一项，共有近 20% 的大学生为此苦恼。事实是，如果前怕豺狼后怕虎，何来成功？

以下五种常见的理由，对创业者来说是“忌讳”。如果被其绊倒，成功也就遥遥无期了。

理由一：没有足够的资金。

失败的原因太多了，但都有一共同的原因，就是现金流接续不上。

有些创业者会充满遗憾地说：就差那么一点儿钱，当时要是有那么一点儿钱，就会完全是另外一番光景。言外之意，就是人快饿死了，给他口饭吃也许就会活过来。但是谁能保证就不会再有挨饿的时候？当再饿的时候谁又能保证刚好还有那么一口饭呢？其实做企业，就是要做到当企业每次挨饿时，都有那么一口饭让企业存活下来。许多企业把永续经营当做努力的方向，然而永续经营何其难也！经理人要凭自己的能力重新打造一个舞台的成本，究竟有多大？

当谈及创业成本时，几乎每个人都感慨万千：创业成本实在太大了！以至于大到不能简单地用金钱来衡量，而最终又都转化为钱，化为创业的直接成本。许多经理人创业年龄大多都在 30 ~ 40 岁之间，把前半生家里的积蓄花光了，又不得不开始重新打工。

创业预算应该这样看：当计划 20 万元就能赚到正现金流时，其实至少得 200 万元。那创业者会说：计划花 20 万元，我提前准备出 200 万元不就得了吗？如果你真能准备出 200 万元，那么你的创业完成至少需要 2000 万元！因为创业者的胆量和计划是根据你的现金来决定的，这叫物质决定意识。有了现金，你就想做事。无论你多保守，你都会做出超出实际运营能力的方案。因为创业的人大多都是激进派，或说乐观派。而保守者通常也不会张罗着创业。

事情的变化太多了，你不可能把未来的风险都列出来。如果都列出来还叫风险吗？风险就是你不知道甚至是不可预知的。计划无论多么详尽，其实最多只是接近事情本身的 20%。所以，创业就是应对未来的不确定性，应对未来的偶然事件。而这个不确定性的成本有多高，谁也说不清楚。所以，创业的风险就在不确定性，或者说叫偶然性，创业成功者一定是成功战胜了一个个小概率事件。而化解这小概率事件同样需要钱。总之，创业的过程，就是缺钱的过程。这是任何创业者在写商业计划书时都不可能想到的，就算想到了也只是想想而已。真正缺钱时，才知道缺钱是什么滋味；真正创业后，才知道钱是那么重要！有一个颇具规模企业的经理人曾感慨

地说：一个企业里面真正最节俭的是老板。

理由二：没有稳赚的项目。

一个知名网站进行过一次有关创业问题的心理调查，从反馈的结果看，有超过 80% 的被调查者表示，如果没有稳赚的项目，自己宁愿打工，也不去盲目投资创业。但赚与不赚只是一个相对的概念。房地产几乎是被公认利润最高的产业，可在这一领域，经营成功的房地产公司不到 30%。是因为项目不赚钱吗？不是！是因为缺乏赚钱的方法。如果想创业成功，就不要过分计较项目好与不好，而要琢磨自己是否爱好这个行业、喜欢这个项目。如果具备这两个基本条件，好方法加巧手段，泥土也能变黄金。

理由三：没有十足的信心。

信心是制胜的法宝。可一些人在期望创业时，总是觉得自信心不足，相反，更多怀疑自己是否有驾驭项目与风险的能力。在这种消极心态作用下，机遇与幸运也就擦肩而过。

理由四：没有成功的经验。

经验来自不断的摸索与积累，绝对没有哪一仁人志士天生下来就什么都懂、什么都会。这一朴实的道理几乎人人都懂。可面对创业时，却有相当多的人在这方面犯迷糊。摸石头过河，吸收前辈经验，才能少走弯路。

理由五：市场竞争太激烈。

要说竞争，在这个社会，没有哪一行哪一业没有竞争的了。可因为有竞争，才使企业发展更加快速，创业者就必须到社会的浪潮中接受洗礼。只有竞争过才会知道自己与对手的差距、自己对市场的不足。找到竞争的法宝，才能战胜对手。

阿里巴巴总裁马云就不鼓励大学生创业，他说：“大学生创业之前要有心理准备，100 人创业，95 人死掉，只有少数人可以摇摇晃晃地走过去。创业会历经各种各样的困难，比尔 · 盖茨、杨致远有名气，想模仿他们的人，倒霉的太多太多，所以要做好心理准备。在创业之前要有足够的抗击打能力，承受失败、各种挫折和委屈的能力，冤枉倒霉各种事情都

可能发生。”

社会发展是多元的。但如果希望在风平浪静的日子获得创业的成功，也许只有梦中才存在。创业可以积累财富，可以积累社会经验。如果你有个完美的计划，如果你有充足的资金，如果你有志同道合的朋友，那不妨抱着试一试的心态，撒手干一把吧。

创业永远都不会晚

不论你在公司的职位有多高，自己开始创业永远都不会太晚，哪怕你将从事完全不同的行业。

一个满腹牢骚的职员突然有了勇气辞职，并开始从事能实现自己抱负的行业；一位经验丰富的天才发现了一种更好地服务于市场的方法，也辞职去开了一家新公司。对这些人来说，创业是他们自然而然需要迈出的一步。但如果你一直喜欢你多年所从事的这项工作呢？如果你在准备经营的行业上并没有多少经验呢？不要让这些障碍挡住你。你可能会发现自己比以前会更好。

来看以下两位是如何选择创业的？

作为一个在电视业界从业 15 年的资深人士，45 岁的里克 · 菲尔德在 VH1 和 ComedyCentral 频道从事导演与制片工作。但当他在 PBS 公司完成了广受好评的“NOWwithBillMoyers”节目后，他发现自己处在十字路口：“我很喜欢这份工作，但看不到以后的路该怎样走。”

因此，在 2003 年 11 月，菲尔德选择了一条别人很少走的路，在纽约创立了 Rick’s Picks，这是一家以其独特的品牌与不寻常的味道而闻名的

腌渍品公司，出售如芝加哥的 Wasabeans、芥末卤青豆等产品。

“我的业余兴趣是制作腌渍品，还赢得过几次制作比赛，因此我决定开一个这样的商店。”菲尔德说。为了从家庭厨房扩大为商业运作，他把原来的业务合伙人劳伦·麦克格拉斯（LaurenMcGrath）与基纳·金（JinaKim）拉了进来。四年后 Rick'sPicks 的销售额超过了 50 万美元。

菲尔德以前的从业经历对他帮助也很大：“我做的绝大多数工作都属于基础性的与低预算的，因此你总是会遇到较为混乱的状况。”他说：“在创业阶段都是这样。我们仍然要从小本经营开始，只不过不会再请一个电影明星，穿着红色小衣服，坐在椅子上读一些有关时尚男孩组合的资料。现在的情形是：8 小时内我们可以卖出 2000 磅甜菜与 1500 罐泡菜。”

54 岁的巴切希望能创出一项属于自己的事业，因此当他发现价值 10 亿美元的极具潜力的消费市场时，他找到了追求自己梦想的机会。

引起他关注的是密码锁行业。虽然这不是一个高科技市场，但巴切创新地使用字母代替数字：“数字式的‘左—右—左’类型的锁早在 1862 年就发明了，直到现在都没有多大的变化。

巴切与他的妻子瑞恩开发了最初的产品交给 Staples 公司进行试销售。很快他们就看到了产品的潜力，2007 年 1 月他们两人相继辞职，集中精力经营 Wordlock。

第一年他们的公司就设在位于加利福尼亚州圣克拉拉（SantaClara）的家里，资金也是自筹的，但 2008 年公司业务飞速增长。“我们搬出了原来的房子，现在已有 10 名全职员工。”巴切说。2008 年第一季度 Wordlock 产品在 900 家零售店中出现，到第二季度末，增长到了 12000 家，他预计 2009 年能达到 50000 家。

巴切也在其他地方看到了市场潜力。“在许多消费产品领域，大公司都没有注意到。”他说，“我们现在有技术，可以把它转化为一些创新性的产品，让消费者使用起来更方便。”

不要把“精通”错误地当成“热爱”，从而把自己限制在你所从事的领域。从公司跳槽出来自己创业，不一定非要在相同领域里进行。你完全可以从软件大师成为制锁商，制片人也能成为泡菜商人。

他56岁白手起家，至今身价已达18个亿。他总是若有所思，已经思考了一生。他总是沉默寡言，而一旦发话就语惊四座。他不喝酒，不抽烟，不打牌，不钓鱼，不养花，不遛鸟。他唯一的乐趣就是一个人散散步，看上去与印度的苦行僧无甚差别。这个人就是力帆集团董事长、被誉为“摩托车国王”的尹明善。

1979年，41岁的尹明善迎来了新生。尹明善先后做过工厂的英语资料翻译员、重庆广播电视大学英语教师、重庆出版社编辑等工作。虽然有了较为稳定的工作，但不甘寂寞的尹明善总在寻找各种机会来证明自己。

1983年，重庆外办下属的一家涉外科技咨询公司亏损30万元，经人推荐，尹明善走马上任，通过两年的打拼，企业扭亏为盈，给公司盈利100万元。尹明善的经商才能得以展现。

1985年年末，尹明善毅然决定放弃“铁饭碗”，下海开创属于自己的事业。离开涉外公司后，尹明善创办了重庆长江书刊公司，成为重庆最早也是最大的民营书商。在此期间，他编辑发行的《中学生一角钱》丛书发行量突破千万册，从而为自己积累了原始资本。该丛书的创意后来还被上海出版界演变为20世纪80年代风靡中国的“五角丛书”。

做了3年图书出版后，已经成为重庆市最大的民营二渠道书商的尹明善突然宣布退出该行业。“尽管当时这个行业活跃异常，但已是一眼见底，就当时形势而言，它注定是一个做不大的行业。我退出得非常干脆利落，当时有整整一仓库书没销售完，就直接把它们拉到废品收购站卖掉了。”

1991年，一位经营校办摩托车厂的朋友和尹明善聊天时说起，他每个月需要几百台发动机，却要到河南去买，虽然出了高价但质量却很差，而

本地的嘉陵、建设是不愿意把发动机卖给其他小厂的。闻听此言，灵敏的尹明善知道商机来了。在仔细研究了当时摩托行业的状况并盘算了其间的风险和机会后，尹明善发现摩托车发动机的制造是一个巨大的机会。他果断地把在出版业掘到的第一桶金——20万元，全部投入到了摩托车行业。

1992年，尹明善注册成立了“轰达车辆配件研究所”。在这个租来的不到40平方米的车间里，尹明善向9名员工宣布：我要造出全中国、全世界没有的摩托车发动机。

尹明善在当时就发现，把建设集团维修部的摩托车发动机配件买来，组装了再卖出去，成本只需要1400元，而拿到市场上去却能卖到1998元，这是一条无人知道的捷径，建设集团对此也没有觉察。

半年过去后，建设集团才如梦方醒，下令一个零配件也不能卖给尹明善，而那个时候尹明善自己设计出来的摩托车关键零配件已经横空出世。通过短暂的积累，尹明善有了500万元资金，他从中拿出50万元来搞技术开发，研制当时全国独一无二的100毫升四冲程发动机。紧接着，尹明善又一鼓作气，耗资百万开发出了100毫升电启发动机。

这两个全国第一，让尹明善总计获利3000多万元。

在20世纪90年代后期，当国内众多摩托车企业正在血拼价格时，尹明善却已经把目光投向了海外。

从一个摩托车作坊，不到十年就成为中国摩托车以及发动机出口第一大户，善于思考的尹明善创造出了一个奇迹。尹明善是当今中国为数不多的学者中的企业家、企业家中的学者。学者务虚，企业家求实，凭借一种“虚”“实”结合的手段，尹明善驾驭企业的巨轮，在新经济大潮的推动下快速平稳运行。从尹明善身上，我们可以学到很多：他的善于思考，他的宏大气魄以及他的创新精神、洞察能力。

创业永远都不会晚，不要被长期工作磨灭了创业激情，安逸的平凡和酱菜的不平凡都由你的选择中决定。

创新才能长久

对于一个企业而言，创新可以包括很多方面：技术创新，体制创新，思想创新……简单来说，技术创新可以提高生产效率，降低生产成本；体制创新可以使企业的日常运作更有秩序，便于管理，同时也可以摆脱一些旧的体制的弊端，如科层制带来的信息传递不畅通；思想创新是相对比较重要的一个方面，领导者思想创新能够保障企业沿着正确的方向发展，员工思想创新可以增强企业的凝聚力，发挥员工的创造性，为企业带来更大的效益。

企业创新，虽然最通常是指产品和技术的创新，但实际上，企业创新涵盖企业的方方面面。在一个行业中，创新决定一个了企业是引领者还是模仿跟随者。企业创新也是企业家对整个创新过程所涉及的创新目标和创新活动方案进行设计、选择并组织实施的行为过程，其最终目标是实现企业创新的最佳效益。

创新的范围很广，小到可以是一个产品、一个服务、一项政策或制度、一个流程或者其中一个环节的改进；大到可以产生一个新的企业，如时下广泛谈论的企业再造，可以改变一个行业，影响一个国家和地区，中国的“改革开放”就是最典型的创新，在这个大创新下包括特区建设、股份制、

联产承包责任制等诸多具体的创新内容。

创新是管理的一部分，要搞清两者的关系首先要搞清管理的概念，何为管理？通俗地说，管理就是制定企业的使命并组织、激励人们去实现它，制定使命是企业家的任务，组织、激励人员则属于领导力范畴，所以说管理＝企业家精神＋领导力，而企业家精神的本质就是创新。只有创新，才能把原本不是资源的变成资源，或者通过重新配置资源来提高资源的产出、增加资源所创造的价值。

创新是可以学习的，学习创新首先要从识别变化并从中找到商机开始。有一点必须非常明确，学习不是死读书，也不是简单地上上课。“学”是学习别人和自己的经验，“习”是要操作，是要不断地实践。

不要把创新看得太神秘。创新说穿了也很简单，无非是看两头，一头是需求，一头是资源，需求提出了创新的标准，资源包括方方面面。比如知识、能力、资金、材料，人才、合作伙伴等，管理上的流程、激励政策和评估手段等也是一种知识。这其中充满了无限的创新可能，创新就是探寻、尝试如何把外界需求和你能找到的资源搭配在一起。你只要做就是了。做错了改就是了。

创新的原动力就是欲望，其外在形式可以表现为对名利、做大和做强、自我超越。贡献社会等多方面的追求，其本质是看重什么？有什么样的价值观？企业家都是不甘寂寞、永不满足的人，对未来有很高的要求，创新是实现这些欲望的手段。

对于创新而言，最难的是转变思维模式。为什么所有的世界冠军都是有创新的？因为要超越前人、打败对手、战胜自己，就必须有所突破，因为有了一个远大的目标，所以才有了创新的动力。

既然欲望是创新的原动力，那么如果欲望能够保持长久，必定是关注外在的价值，这个价值是个人终其一生。企业倾其所有也不能解决的一个大课题，这个价值是超越个人和企业之上，是企业为之生存的社会需要。

每一种创新都是一种冒险。其实每一次创新也是一种新的尝试，是一

种前所未有的体验。创新，或许会带来变革，也许会遭遇打击，或许成功，或许失败。所以多数人故步自封，躲在自己的安全帽中，最后也许会作茧自缚。有的人天性乐于尝试，接受挑战。冒险精神多一点，但是也须有一定的理智，你就可能成了企业家企业家精神的本质就是创新精神，创新精神的实质就是冒险精神。

从 1981 年入主通用电器起，在短短的 20 年的时间里，杰克 · 韦尔奇使通用电器公司的市值达到了 4500 亿美元，增长了 30 多倍，排名从世界第 10 位提升到第 2 位，他所推行的“六西格玛”标准，全球化和电子商务，几乎重新定义了现代企业。

同时，这位锐意改革的管理奇才，还开创了一种独特的哲学和操作系统，他依靠一种扁平的“无边界”的管理模式，一种对人的热情关注以及一种非正式的平等交流的风格，帮助庞大多元的商业帝国摆脱成熟企业的痼疾——金字塔似的官僚体制，走上灵活、主动、不拘一格的道路。

正是这种敢于创新的精神，让杰克·韦尔奇在取得成功的同时，他本人也成为世界上最令人仰慕的商界领袖，CEO 们争相效仿的偶像人物。

创新过程可能会出现挫折，但只要不放弃一定能成功，也只有创新企业才能发展。创新是一个企业生存和发展的灵魂。企业文化的核心是一种鼓励创新、勇于冒险的价值观。对于一个企业的成长来说，只有创新才能跟上时代的变化，市场的需求，才能使企业立足市场，长久发展。

没有失败，只有暂时停止成功

精彩的人生有与众不同的征途，倦怠慵懒的人生只有千疮百孔的路途。在途中微笑坦然面对失利挫折，它能给你失败的教训，给你鞭策与激励，免遭重复的伤痛。平静对待暂时的成功，保持心灵的零度状态，能让你头脑随时都清醒如常。

人们喜欢把企业之间的经济竞争比喻为一种军事上的搏击竞技，但实际上企业并非军队，经济活动的领域也并不等于战场。因为现代经济生活的相互依赖性越来越强，更多的时候是在追求共存，不像战争纯粹是一种零和游戏。作为经济活动之一的创业要认识到创业过程中的暂时挫折、一段时期的不景气等困难都是可以理解的，“你没有摘到的，也许只是春天里的一朵花，只要你继续努力，整个春天还是你的”。

创业者一旦拥有了坚实的勇气，他也就同时有了一颗平常心，那么不管最终的结局如何，他至少收获到了“过程”。罗斯福说得好：“也许个性中，没有比坚定的决心更重要的成分。小男孩要成为伟大的人，或想日后在任何方面举足轻重，必须下定决心，不仅要克服千万重障碍，而且要在千百次的挫折和失败之后获胜。”

有一位年轻人想在音乐界发展，因而他放弃了学业投入实际工作。一个没有相关工作经验且又高中辍学的人，要想找份工作，很不容易，最后他只有将就在一些较低级的酒吧中弹琴和演唱以糊口。

年轻人对音乐事业抱着那么高的憧憬，却终日得面对那些无视于他存在且喝得醉醺醺的酒徒，那种沮丧和屈辱让他情何以堪。由于他没有什么钱，晚上只好在自助洗衣店里打地铺睡觉，幸好还有一位极其相爱的女友安慰，使他还能撑下去。

可是有一天，就连女友也受不了而离去，这给他的打击甚重，觉得人生毫无指望,因此决定自杀。就在要付诸行动之前,他联络了一家精神病院，看看他们能否给什么帮助。在医院里，他的人生发生了改变，不仅不再沮丧，甚而打消了自杀的念头。他觉得问题全是自找的，意志消沉无济于事，今后要竭尽一切努力，成为所企望的成功音乐家。

任何的失望，都不足以让一个人因而自杀，毕竟生命宝贵，值得为它好好珍惜。就这么持续的努力，虽然未能马上见着回报，但最终他还是成功了。今天，他所作的曲子被唱遍全球每个地方，他就是比利·乔。

上帝并未耽延，只是还在等待时机。因此别忘了，没有失败这回事，如果你的尝试不见效，那就好好从其中学习，以便未来能运用得更有效，最终必然会有成功的一天。

征途中几经周折，疲惫不堪，却还在原地打转，别人不会懂的你内心的感受，即使对你没有任何要求，可自己都觉得对不住自己，事业屡屡失败，让自己感到生活的艰难，而你又不能逃避。在这种状况下你只能去积极进取，勇敢地去面对现实。

成功对每一个人来说，都是一件幸运的事。但成功也不是每个人都能获得的。成功不是路边的小石子，随处可拣，也不是田间的小花，随处可觅。要成功需要有一条漫长的路要走，在这期间是要经历许多挫折的。

高士其是我国科普作家。在外国留学时，有一次做实验，一个装有培养脑炎过滤性病毒的玻璃瓶子破裂了，病毒侵入了他的小脑。从此留下了身体致残的祸根。他忍受着病毒的折磨，学完了芝加哥大学细菌学的全部博士课程。回国以后，他拖着半瘫的身子，到达延安工作。新中国成立后病情恶化，说话和行动都十分困难，连睁、合眼都需要别人帮助。但他仍以惊人的吃苦精神进行创作，先后写成100多万字的作品。有人问他苦不苦，他笑着说："不苦！因为我天天都在斗争，斗争是有无穷乐趣的。"

对待挫折，著名的数学家华罗庚曾经说过："在科学的道路上没有平坦的大道可走，只有一条条弯曲的小径。只有不谓攀登的人，才有可能登上科学的顶峰。"强者在挫折面前会越挫越勇，而弱者面对挫折会贸然不前。我们要正视挫折，正确对待挫折，只有这样才能让挫折成为我们走向成功的阶梯。

有时候换个角度去考虑问题，你会有意想不到的效果，比如说"屡战屡败"，换一个角度去看成"屡败屡战"，意思就截然不同。前者让人意志消沉，毫无信心，后者让你感到精神可嘉，不畏不惧。

没有失败，只有暂时停止成功。在任何情况下不要低估自己，相信自己可以去干，可以做好。只要下定决心，没有什么干不成的。

"世上无难事，只怕有心人。"没有失败，只有暂时停止的成功。

成功 = 每天进步一点点

成功是由一个个小小的目标的达成，一次次小小进步的积累。一个人要有伟大的成就，必须天天要有小成就，因为大成就就是小成就不断积累的结果，只要你每个过程都成功，结果必定成功。自己最大的敌人就是满足，成功永远只是起点，而不是终点。

一夜发家致富的故事不断地流传，书店中也充斥着成功企业家如何一朝抓住机会成功致富的案例分析以及教人如何短时间致富的书。但许多人却不知道现在的成功人士在没有成功以前经历了多少艰辛和波折，更不知道导致他们成功的关键点是什么。

每天进步一点点，没有不切实际的妄想，只是在有可能眺望到的地方奔跑和追赶，不需要付出太大的代价，只要努力，就可以达到目标。每天进步一点点，不是可望而不可即，也不是可遇不可求的，只是每天都不能自视甚高而眼高手低，不能踩在昨天的荣誉上自以为了不起。不满足，不停步，不回头，在平和的心境下不要总想着创造什么奇迹，只是在月上柳梢头时发现今天着实没有白过就好，自己心里踏实，迎接明天的早晨就不会心虚。

如果我们每天都能进步一点点，哪怕是1%的进步，那么还有什么能

阻挡得了我们最终走向成功？一个企业，如果每天都进步一点点，使其成为企业文化的一部分；当每一位员工每天都能进步一点点，那么，还有什么障碍能阻挡得住它最终成就辉煌？

每天进步一点点，执著但不偏执地矫正着不满，也拒绝突然而至的心灰意冷的悲凉。始终那么平静、从容，步履稳健。不允许每一天都虚弱，不让每一天都庸庸碌碌，不原谅每一天的懒惰。

王羲之7岁练习书法，勤奋好学。17岁时他把父亲秘藏的前代书法论著偷来阅读，看熟了就练着写，他每天坐在池子边练字，送走黄昏，迎来黎明，写完了多多少少的墨水，写烂了多多少少的笔头，每天练完字就在池水里洗笔，天长日久竟将一池水都洗成了墨色，这就是人们今天在绍兴看到的传说中的墨池。王羲之练字专心致志，达到废寝忘食的地步。他吃饭走路也在揣摩字的结构，不断地用手在身上划字默写，久而久之，衣襟也磨破了，功夫不负有心人，有一次，他为人写一块匾在木板上写了几个字样，送去叫人雕刻。刻工发现字的墨渍竟渗入木板里面约有三分深。于是人们常用“入木三分”的成语来形容书法笔力强劲。

后来王羲之成了一位大书法家，被人们誉为“书圣”。

每天进步一点点，持之以恒最为可贵。王羲之的坚持不懈，使他成了闻名于世的大书法家。热情不因悲欢离合而起伏，劲头不随阴晴圆缺而波动，每天都要给自己一个雷打不动的作业，并在当天就使它成为一份杰作。一点点进步并不引人注目，然而就是这一个个不引人注目，最终会成为你引以为傲的成就。

一次次的能量叠加，一次次地被放大，最终会发生量变到质变的飞跃。精彩的人生何尝不需要这样的积累呢？每天进步一点点，每天的笑容比昨天多一点点；每天的精神比昨天高昂一点点；每天的行动比昨天多一点点；每天的效率比昨天提高一点点；每天的方法比昨天多找一点点……

不要小看这“一点点”。一点点的灵感，会使你于混沌中豁然开朗；一点点的智慧会使你从困难中看到转机；一点点的勇气会使你从怯懦中获得成长。

成功就是做好每一件简单而细小的事情。积沙成丘、集腋成裘的道理每个人都懂，但是很少有人将这些道理付诸行动，而成功的人往往就是那些将这些道理变成行动的人。

每天进步一点点是简单的，之所以有人不成功，并不是他做不到，而是他不愿意做这些简单而重复的事情。因为越简单、越容易的事情，人们也越容易不以为然。一步登天做不到，但一步一个脚印能做到；一鸣惊人不好做，但一股劲儿做好一件事，总可以做到；一下成为天才不可能，但每天进步一点点却很容易做到。

蜗牛努力地往葡萄树上爬，过程是艰辛的，但因为的目标有理想，也甘愿忍受这份艰辛。我们每一个人都可以拥有蜗牛的精神，我们可以不断地攀登自己生命的高峰，每天进步一点点，终有一天，我们可以在无限风光的巅峰俯视和欣赏这个美丽的世界。

保持自信

你要相信，纵使事情的发展有多悲观，但我们都具有确实扭转的能力。别忘了，每个人都不免会碰上麻烦、问题、挫折或失望，我们怎样去面对，就注定会有什么样的人生。信心不足和营养不良有同样的危害。信心不足这种“疾病”会使人把自己约束在昨日的生活模式之中，而不敢轻易尝试突破现状的努力，过着没有明天，没有希望的日子。营养不良，会使人身体无法正常发育，不同的是，营养不良有药可医，信心不足必须靠自身努力来医治，只有靠肯定与信赖自己的能力，才能充实信心的来源。

自信就是行动的前提和动力源泉，自信让他实现了自己心动的目标。同样，拥有自信可以使每一个有目标、有志向的人走向成功。

你若想在人生中早日取得成就，自信就是必要条件。为什么呢？

首先，人只有自信，内心里的恐惧、不安、孤独感才会一扫而空。有信心，头脑会变得清晰、灵活、更富于创造力。有信心，可为你带来友谊。有信心，可以掌握机会，一级一级迈向成功。拥有充分的自信，也会在不自觉间感染给别人，使你成为一个富有魅力而又有力量的人。

每个人都有遇到挫折的时候，但千万不要因为因一时受挫，而对自己的能力产生怀疑，进而形成一种压力。

不要在乎别人的眼光，最怕的是连自己都不相信自己，那是最糟糕的事情。担忧太多只能让自己失去信心，只要自己曾经去努力过，拼搏过，何必在乎别人的眼光，即使失败也无悔人生，况且事情不一定会是那么的糟糕，在失败中积累经验，成功必在眼前。

当你遇到挫折的时候，应该保持头脑清晰、面对现实、不要逃避。冷静地分析整个事件的过程，分析一下是自己本身存在的问题，还是由于外来因素而引起的？还是两者皆有呢？假如是自身因素的话，那么自己就应该好好反省一下，为什么会犯这样的错误呢？以后应该怎样做，才能避免同类事件的发生。事情已经发生了，就不要急于去追究责任或是责怪自己，而应该想想是否还有挽回的余地。要是有的话，要考虑应该怎样做才能把损失或伤痛减到最低呢？

当你遇到困难的时候，请记住一句话：没有永远的困难，也没有解决不了的困难，只是解决时间的长短而已。困难与人生相比，它只不过是一种颜料，一种为人生增添色彩的颜料而已。当你遇到困难的时候，不要逃避问题或是借酒消愁，有道是："借酒消愁，愁更愁啊！"只要你对自己有信心的话，那么什么困难都难不倒你的。

小泽征尔是世界著名的交响乐指挥家。在一次世界优秀指挥家大赛的决赛中，他按照评委会给的乐谱指挥演奏，敏锐地发现了不和谐的声音。起初，他以为是乐队演奏出了错误，就停下来重新演奏，但还是不对。他觉得是乐谱有问题。这时，在场的作曲家和评委会的权威人士坚持说乐谱绝对没有问题，是他错了。面对一大批音乐大师和权威人士，他思考再三，最后斩钉截铁地大声说："不！一定是乐谱错了！"话音刚落，评委席上的评委们立即站起来，报以热烈的掌声，祝贺他大赛夺魁。

原来，这是评委们精心设计的"圈套"，以此来检验指挥家在发现乐谱错误并遭到权威人士"否定"的情况下，能否坚持自己的正确主张。前两位参加决赛的指挥家虽然也发现了错误，但终因随声附和权威们的意见

而被淘汰。小泽征尔却因充满自信而摘取了世界指挥家大赛的桂冠。

那如何才能提高自己的自信心呢?

首先得先克服自卑的心理，树立自信心，每天在心中默念“我行，我能行”。只要努力，方法得当，那么什么事都能办到的。

其次，每天都能保持甜美的笑容。没有信心的人，经常愁眉苦脸，而雄心勃勃的人，则眼睛总是闪闪发亮满面春风。人的面部表情与人的内心体验是一致的。笑是快乐的表现。笑能使人产生信心和力量；笑能使人心情舒畅，精神振奋；笑能使人忘记忧愁，摆脱烦恼。学会笑，学会微笑，学会在受挫折时笑得出来，就会提高自信心。

昂首挺胸是富有力量的表现，是自信的表现。做人一定要昂首挺胸，同时也要学会主动与他人交往。遇到挫折而气馁的人，常常垂头是失败的表现，是没有力量的表现，是丧失信心的表现。成功的人，得意的人，获得胜利的人总是昂首挺胸，意气风发。

积极的自我形象和健康的生活态度，可增强你抵抗压力疾病的免疫力。自我怀疑和对自己的能力失去信心是常见的。任何人，无论表现得多么自信，也难免对他面临的挑战缺乏自信心。但是没有压力就会轻飘飘的，没有压力肯定没有作为。保持自信面对压力，坚持往前冲，自己就能成就自己。

曾经的失败并不意味着永远的失败，曾经达不到的目标并不意味达永远达不到，你可以有自己的梦想，你可以为自己的人生树立一个目标。

人要有面对未来的信心。如果你选择未来，那么你是上帝的孩子；如果你选择过去，那么你可能仍是“弃儿”。过去可以决定现在，但不能决定未来。你的目标是为未来所设定，你在为你未来作出选择。过去不等于未来。过去你成功了，并不代表未来还会成功；过去失败了，也不代表未来就要失败。过去的成功或是失败，那只代表过去，未来是靠现在决定的。现在干什么。选择什么，就决定了未来是什么！

坚持才是冲破创业困难的法宝

创业的路是没有终点的，一些成功者的眼光会跨过时光的隧道，将思维畅想到遥远的未来。

创业有一个比喻：创业其实就像走到一个三岔路口，你经常考虑哪条路上能抓住兔子呢？这时候犹豫着走左边，走了一个小时，没有；又退回去再走右边，走了一个小时，还是没有。其实，哪条创业路上都有兔子，只要你坚持走下去，很快就会抓住。

如果坚忍不拔，勇往直前，迎接挑战，那么一定会成功。

生命的奖赏远在旅途终点。而非起点附近。不知道要走多少步才能达到目标，踏上第一千步的时候，仍然可能遭到失败。但成功就藏在拐角后面，除非拐了弯，你永远不知道还有多远。再前进一步，如果没有用，就再向前一步。事实上，每次进步一点点并不太难。

每天的奋斗就像对参天大树的一次砍击，头几刀可能了无痕迹。每一击看似微不足道，然而，累积起来，巨树终会倒下，就像冲洗高山的雨滴，吞噬猛虎的蚂蚁，照亮大地的星辰。建起金字塔的奴隶，也要一砖一瓦地建造起自己的城堡，因为有水滴石穿的道理，只要持之以恒，什么都可以做到。

创业和事业是没有止境的，将事业完美化规划，将事业引领向未来的竞争机制而立于不败之地，应该是每个创业者所追求的完美境界。坚持不懈，不要考虑失败，字典里不要有放弃、不可能、办不到、没法子、失败、行不通、没希望、退缩……这类愚蠢的字眼。要尽量避免绝望，一旦受到它的威胁，立即想方设法向它挑战。要辛勤耕耘，忍受苦楚。放眼未来，勇往直前，不再理会脚下的障碍。

沙漠尽头必是绿洲。鼓励自己坚持下去，因为每一次的失败都会增加下一次成功的机会。这一次的拒绝就是下一次的赞同，这一次皱起的眉头就是下一次舒展的笑容。今天的不幸，往往预示着明天的好运。

不因昨日的成功而满足，因为这是失败的先兆。要忘却昨日的一切，是好是坏，都让它随风而去。信心百倍去迎接新的太阳，相信“今天是此生最好的一天”。只要一息尚存，就要坚持到底，因为成功的秘诀是：坚持不懈，终会成功。

王珊的创业梦想是源于读初一时看过的一本美容杂志。

“从那一刻起，我就知道我的未来与美容分不开了，我一定要有自己的美容店。”说起对美容行业，王珊的眼神中不禁流露出异样的光芒。

初中毕业后，王珊就在江门一家美容学校学习最基础的美容护理知识。在短短的3个多月时间里，她修了近13门美容课程，成为当时学校里的真正“学霸”。“我当时也没想那么多，一心只想尽快地充实自己。”当时的学习阶段，王珊不分昼夜地学习理论知识，练习美容手法。在其他人都休息的时候，只有她在夜灯下坚持完成各项海量般的功课。“现在想想也真佩服自己，当时，也不知道自己究竟有多大的毅力才能坚持下来。”在别的同学眼中，这或许是一件傻事，但是，王珊认为正是因为当时的努力学习，才能打下后来创业的基础。

学成毕业后，王珊以优异的成绩被东莞的一家大型美容连锁机构录取，成为了一名真正的美容师。在随后的4年里，她分别在东莞、顺德、江门、

台山等地的美容院里工作，学习美容院的经营方式。“没有想过要那么短的时间内自己创业，还想继续在各大美容院里累积经验，因为家庭的经济问题，我必须以比较快的方式赚钱。对于我来说，这也是一个机会。”

一直坚持自己梦想的王珊，终于实现了自己的梦想。

2008年，阿珊用自己工作以来的所有积蓄租了一个约300平方米的店面，经营了一家属于自己的美容院，完成了多年来的梦想。

王珊的梦想成真和她的坚持是分不开的。要尝试，尝试，再尝试。障碍是成功路上的弯路，迎接这项挑战。要像水手一样，乘风破浪。要借鉴别人成功的秘诀。过去的是非成败不去计较，只抱定信念，明天会更好。再试一次，一试再试，争取每一天的成功，避免以失败收场。

每一种思想，只要你坚定信念、持之以恒，百折不挠地加以贯彻，迟早都会梦想成真。

有个铁匠把一条圆锥形的铁柱放进炭炉里烧得通红，然后他拿出来放在铁钻上把它锤成一把剑。剑是打成了，可是他一点也不满意。于是他把剑放进炉火里再烧再锤，但由于损耗，已不可能再铸成一把剑了，结果他就做了一个马蹄铁，但他仍是不满意。他把马蹄铁再放进炉里烧红，但拿出来时，连马蹄铁也做不成了，他就将它打成一根铁勾，但他还是不满意，他将铁勾放进炭炉里，当他把这烧红的铁器拿出来后，他已不知可以把它打成什么器物了。

如果你也像铁匠这样，今天做这，明天做那，没有明确的目标也没有坚定的信念，你所做的也是无用功，因为你没有坚决的行动，而是盲目的在工作着，那么你的人生充其量也只会冒几个泡泡就完了。

目标是可以变的，但如果你想取得事业的成功就不能经常改变它，经常变动你将会漫无边际，最终一事无成。为明天的成功播种，超过那些按

部就班的人。在别人停滞不前时，继续拼搏，终有一天会丰收。

假使成功只有一个秘诀的话，请问那会是什么？那应该是坚持不懈地去行动。

一个人想干成任何大事，都要能够坚持下去，坚持下去才能取得成功。一个人克服一点儿困难也许并不难，难得是能够持之以恒地做下去，直到最后成功。

一个成功者想继续成功就得这么去做，因为世上的事物没有绝对的成功，只有不断的努力，才能有不断的进步。成功是没有终点的，就像旅程中的一个个过程，必须一站一站往前走，一旦停在原地，不再去努力、不再全力付诸行动，成功的列车就会把你甩得远远的。坚持一下，成功就在你的脚下。

读石油版书，获亲情馈赠

亲爱的读者朋友，首先感谢您阅读我社图书，请您在阅读完本书后填写以下信息。我社将长期开展“读石油版书，获亲情馈赠”活动，凡是关注我社图书并认真填写读者信息反馈卡的朋友都有机会获得亲情馈赠，我们将定期从信息反馈卡中评选出有价值的意见和建议，并为填写这些信息的朋友免费赠送一本好书。

冲破创业阻力

1. 您的文化程度：　大专□　　大本□　　大本以上□　　其他______
2. 您购买本书的动因：　书名、封面吸引人□　　内容吸引人□　　版式设计吸引人□
3. 您认为本书的内容：　很好□　较好□　一般□　较差□
4. 您认为本书书名反映内容的程度：　很高□　　较高□　　一般□　　较差□
5. 您认为本书在哪些方面存在缺陷：　内容□　　封面□　　装帧设计□
6. 您认为本书的定价：　较高□　　适中□　　偏低□
7. 您对本书的综合评价

____

____

您的联系方式：

姓名______________

单位______________　　邮政编码______________

地址______________　　电　　话______________

手机______________　　E-mail ______________

回信请寄：北京安定门外安华里二区一号楼　　石油工业出版社

社会图书出版中心　　收　　邮政编码：100011

电子信箱：petropub@163.com（复印有效）